Êtes-vous plutôt cerveau gauche ou cerveau droit ?

50 exercices pour améliorer
vos capacités cérébrales

Charles Phillips

Êtes-vous plutôt cerveau gauche ou cerveau droit ?

50 exercices pour améliorer vos capacités cérébrales

MARABOUT

Publié pour la première fois en Grande-Bretagne en 2009 par Connections Book Publishing Limited (St Chad's House, 148 King's Cross Road, London, WC1X9DH) sous le titre *Left Brain, Right Brain*.

Traduit de l'anglais (Grande-Bretagne) par Catherine Bricout.

Sommaire

Introduction

Avez-vous le sens du détail plutôt que la capacité à embrasser une vue d'ensemble ? Vous préférez gérer une chose à la fois ou, au contraire, vous avez le don d'identifier un sens commun face à de multiples clés ?

Les études indiquent que l'hémisphère gauche du cerveau supérieur (ou cortex) se concentre sur les détails et régit les activités séquentielles tandis que l'hémisphère droit fournit la vision générale et les relations spatiales.

Deux cerveaux ?

Souvent, les deux hémisphères sont simplement décrits comme le « cerveau gauche » et le « cerveau droit ». Ils sont reliés transversalement. L'hémisphère gauche contrôle le côté droit du corps et l'hémisphère droit, le côté gauche. On a pensé à une époque que leurs différences de fonctionnement étaient beaucoup plus importantes qu'on ne le pense aujourd'hui.

Les recherches menées par le Professeur Robert Ornstein, dans les années 1960, à San Francisco, étaient fondées sur l'utilisation d'un EEG – électroencéphalographe – mesurant l'activité électrique dans le cerveau des sujets d'expérimentation et indiquaient que la zone gauche du cerveau était plus active quand les sujets traitaient des mathématiques et que la zone droite était plus active quand ils assortissaient des couleurs.

Une théorie du cerveau gauche et du cerveau droit se développa, selon laquelle le cerveau gauche serait dominant dans la pensée analytique et rationnelle et le cerveau droit particulièrement impliqué dans la perception visuo-spatiale et les activités créatives.

Cerveau gauche, cerveau droit, ou cerveau complet ?

Des textes de vulgarisation ont relayé cette théorie. Ils ont suggéré qu'on pourrait diviser la population en deux catégories – les cerveaux gauches plus experts en logique et en mathématiques, et les cerveaux droits, doués pour les activités créatives.

Aujourd'hui, les scientifiques soulignent que la majeure partie de la réflexion implique l'activité simultanée de multiples zones du cerveau. Les activités mentales complexes ne sont jamais complètement isolées dans une région du cerveau. Néanmoins, les scientifiques maintiennent que les deux parties du cortex ont des fonctions et des approches spécialisées. La bipolarisation cerveau gauche et cerveau droit était sans doute exagérée, mais elle contenait un fond de vérité. Les recherches montrent que, pour donner le meilleur de nous-mêmes, nous devons tendre vers l'utilisation la plus totale de notre cerveau.

Le sens du lien

Une théorie récente suggère qu'il fut un temps où nous utilisions l'intégralité de notre cerveau. Les cerveaux gauche et droit travaillaient en harmonie. De plus, nous partageons tous une vague mémoire culturelle de ceci, d'une perfection et d'une aisance d'action séduisantes et perdues, cachée derrière des récits religieux et des mythes décrivant une expulsion du Paradis ou la perte d'un état de perfection. Cette théorie prétend que, chez la plupart d'entre nous, la réflexion est dominée par les processus analytiques associés au cerveau gauche, et c'est ce qui aurait tendance à nous rendre craintif, anxieux et à nous éloigner les uns des autres. Notre sentiment d'être à part nous conduit à penser que nous devrions lutter pour la prééminence et les ressources et à croire que nous pouvons trouver le bonheur en obtenant le succès aux dépens des autres. Mais nous pouvons retrouver la sérénité et un sens du lien avec les autres et avec notre environnement en réapprenant à penser avec l'intégralité de notre cerveau.

Le Paradis perdu ?

Le livre *Left in the Dark* de Graham Gynn et Tony Wright soutient la thèse que l'être humain a connu un développement étonnant de son fonctionnement cérébral, provoqué par un mécanisme hormonal lié à un régime alimentaire de fruits tropicaux. Quand nous avons quitté la forêt tropicale, notre soi-disant « Jardin d'Eden », et abandonné ce régime alimentaire, ce changement a entraîné des modifications hormonales qui ont nui au fonctionnement de l'hémisphère gauche du cerveau.

Deux interprétations différentes ?

Quand nous parlons, nous utilisons autant l'intonation et l'accentuation que les mots pour transmettre un message. Les recherches sur le cerveau indiquent que l'hémisphère gauche traite le sens littéral des mots et l'hémisphère droit est à l'œuvre quand nous remarquons et interprétons l'intonation. Par exemple, imaginez que j'écrive une pièce où Carole dit : « Je joue dans le concert », et où Rose lui répond : « Tu joues ? ». Si elle prononce cette réplique en insistant sur le premier mot (« Tu joues ? »), cela signifie qu'elle est étonnée que Carole, et personne d'autre, joue, alors que l'emphase sur le second mot (« Tu joues ? ») indique sa surprise qu'elle joue plutôt qu'avoir une autre activité (chef d'orchestre, par exemple).

Selon Gynn et Wright, l'hémisphère droit n'avait pas été altéré mais, à la suite de ces changements, l'hémisphère gauche était devenu dominant. Les activités religieuses ou mystiques telles que la méditation furent développées comme méthodes visant à tempérer les activités normalement associées avec le cerveau gauche et à rétablir la connexion avec le cerveau droit. Leur ouvrage suggère que nous pouvons utiliser des techniques similaires pour stimuler les activités caractéristiques du cerveau droit afin d'équilibrer notre pensée et, par conséquent, d'améliorer notre fonctionnement.

Les scientifiques artistes et les artistes scientifiques

Les génies de l'histoire de la science et des arts ont construit leur succès sur leur capacité à utiliser des processus de réflexion associés aux deux hémisphères du cerveau. Picasso, par exemple, était manifestement capable d'exprimer en formes géométriques dans ses carnets le travail artistique qu'il réalisait dans ses tableaux. Plus étonnant encore, des siècles auparavant, Léonard de Vinci montrait des capacités typiques du cerveau gauche, dans les mathématiques et la pensée logique, équivalentes ou supérieures aux capacités typiques du cerveau droit de réflexion visuo-spatiale dont il faisait preuve en tant qu'artiste. Le peintre de *La Cène* et de *La Joconde* a également produit de remarquables inventions dont un canon à vapeur, une pompe hydraulique, et même des plans de machine volante des siècles avant qu'un homme ne décolle enfin !

L'expérience de Jill Bolte Taylor, neuroanatomiste américaine, semble soutenir la position de Gynn et Wright. En 1966, elle est victime d'un grave accident vasculaire cérébral qui endommage gravement ses capacités de pensée cognitive. Mais au bout de huit ans d'entraînement, son rétablissement est complet. Décrivant son expérience dans son livre remarquable, *Voyage au-delà de mon cerveau*, elle raconte qu'elle s'est retirée dans l'hémisphère droit de son cortex et a reconstruit les parties endommagées de son hémisphère gauche. Elle affirme que, à la suite de cette expérience, elle se sent plus connectée au monde.

On dit aussi qu'Albert Einstein a eu l'illumination qui sous-tend la théorie de la Relativité, non pas en travaillant sur une expérience, mais alors qu'il se détendait au soleil et s'imaginait courant à côté d'un rayon de lumière. Il revint dans son laboratoire avec cette intuition visuo-spatiale du cerveau droit et la décortiqua théoriquement avec la méthodologie rigoureuse du cerveau gauche.

Comment utiliser ce livre ?

Pour notre objectif, la distinction entre le cerveau gauche et le cerveau droit est une façon simple de décrire différents aspects de nos processus mentaux. Elle vous aidera à identifier vos forces et à équilibrer votre pensée. Pour tirer le meilleur parti de ce livre, commencez par le Test cerveau gauche/cerveau droit des pages 15 à 19 et comparez vos réponses avec la liste de la page 20. Vous aurez ainsi déterminé si vous êtes plus à l'aise dans les activités typiques du cerveau gauche ou dans celles qui relèvent du cerveau droit.

Puis, vous aurez le choix du parcours : un parcours privilégiant le cerveau gauche, avec des casse-tête qui testent et développent particulièrement votre regard sur les détails et la logique ainsi que vos compétences numériques et linguistiques, et un parcours sollicitant le cerveau droit avec des casse-tête et des exercices qui développent votre conscience spatiale et visuelle et votre capacité à penser avec créativité. L'objectif est d'équilibrer votre pensée. Si vous avez d'excellents résultats dans les questions adressées au cerveau droit dans le test, empruntez le parcours du cerveau gauche qui développera vos compétences logiques et numériques et votre sens du détail. De même, si vous avez d'excellents résultats dans les questions adressées au cerveau gauche, développez compétences visuelles et créatives avec le parcours du cerveau droit. Si vous avez des résultats égaux au test, faites tous les exercices.

Chaque exercice présente un niveau de difficulté noté de 1 à 5, le 1 étant le niveau le plus facile et le 5 le plus difficile. Ne prenez pas ces niveaux au pied de la lettre ; comme nous l'avons expliqué précédemment, nous avons tous plus de facilité à résoudre certains casse-tête que d'autres, il ne s'agit donc que d'une indication approximative. Le principe est le même pour les limites de temps. Vous pouvez réussir certains exercices en un rien de temps et peiner sur d'autres. Ne vous inquiétez pas, c'est parfaitement normal !

Continuez à vous entraîner et votre assurance augmentera dans des domaines qui vous semblent ardus. Développez votre capacité à utiliser les deux hémisphères de votre cortex et efforcez-vous d'acquérir la puissance mentale dont jouissaient les « cerveaux entiers » comme Picasso, Léonard de Vinci et Einstein.

Le test cerveau gauche/cerveau droit

Examinez les phrases qui suivent sur les cinq prochaines pages. Lesquelles s'appliquent à vous ? Cochez la case « D'accord » si vous pensez qu'une phrase vous correspond. Comparez vos réponses avec les résultats de la page 20 pour savoir si votre réflexion est essentiellement guidée par votre cerveau gauche ou par votre cerveau droit.

Êtes-vous plutôt cerveau gauche ou cerveau droit ?

	D'accord
1. J'aime regarder les cartes géographiques.	☐
2. Je pense que je ferais un bon comptable.	☐
3. Généralement, je retiens bien les noms de rue et de carrefour.	☐
4. Je pense que, dans une grande majorité des cas, il n'y a qu'une seule façon de bien faire quelque chose.	☐
5. J'aime les casse-tête numériques.	☐
6. Je pense qu'un dessin ou un schéma est souvent une explication plus efficace qu'un long discours.	☐
7. Quand j'ai perdu quelque chose, j'essaie de me représenter mentalement où j'étais et ce que je faisais la dernière fois que j'ai manipulé cet objet.	☐
8. Quand j'étudie, je fais des listes de points importants.	☐
9. J'adore les casse-tête.	☐
10. Si c'était nécessaire, je pense que je pourrais facilement décrire en détail l'apparence de quelqu'un que je n'ai rencontré qu'une seule fois.	☐
11. Je suis doué pour les jeux demandant de reconnaître un objet à partir d'une seule de ses parties.	☐

D'accord

12. Quand je rencontre un inconnu, il m'est plus facile de me rappeler son visage et son apparence que son nom. ☐
13. Quand je fais une randonnée dans un endroit inconnu, je me situe grâce à des repères. ☐
14. Quand je fais des courses, j'aime bien calculer le coût total avant de payer. ☐
15. Si j'entre dans une salle de cinéma ou de réunion quasiment vide, je m'assieds habituellement dans la partie droite. ☐
16. Quand quelqu'un me demande sa route, je préfère dessiner une carte que donner des explications détaillées. ☐
17. J'aime imaginer de nouveaux aménagements de ma chambre. ☐
18. Si j'assemble un meuble en kit, je suis toujours les instructions du mode d'emploi pas à pas. ☐
19. J'aime étudier les statistiques sportives. ☐
20. Quand je prends des notes, je préfère dessiner des « cartes de réflexion » et des diagrammes plutôt que faire des listes. ☐

D'accord

21. Je pense que les gens travaillent mieux quand ils suivent une procédure à la lettre plutôt qu'en improvisant au fur et à mesure. ☐
22. Je vois facilement la façon dont s'assemblent les choses. ☐
23. J'aime dresser des listes « À faire ». ☐
24. Je n'aime pas les danses à figures imposées. J'aime réagir à la musique. ☐
25. Les chiffres m'ennuient et, par conséquent, mes finances sont parfois un peu embrouillées. ☐
26. J'aime faire des mots croisés et résoudre des anagrammes. ☐
27. Il m'arrive trop souvent à mon goût de prendre les paroles des gens au pied de la lettre et de ne pas percevoir leurs sarcasmes. ☐
28. Je trouve que le temps passe très vite quand je fais des calculs. ☐
29. J'aime écrire des lettres. ☐
30. Quand je me promène dans une ville que je ne connais pas, je détermine mon itinéraire en évaluant la distance et la direction. ☐

D'accord

31. Quand je fais de nouvelles rencontres, je me rappelle bien la couleur de leurs yeux ou le motif de leur cravate. ☐
32. Il m'est généralement facile d'estimer si des objets vont s'adapter à un espace, par exemple, quand je fais une valise ou déplace un meuble. ☐
33. Je tiens un blog ou un journal. ☐
34. Je pense que je ferais un bon détective : je remarque les détails. ☐
35. J'aime faire des tests de pensée latérale. ☐
36. On me félicite pour mes capacités à replacer les choses dans leur contexte. ☐
37. Il est fréquent que je ne connaisse pas les noms précis des rues ou des bâtiments même dans un quartier que je connais bien. ☐
38. Quand je fais un puzzle, je suis doué pour voir comment les pièces s'intègrent dans le tableau général. ☐
39. On me félicite de la créativité de ma réflexion dans la résolution des problèmes. ☐
40. Je repère très vite le visage d'un ami dans une foule. ☐

	D'accord
41. Je ressens l'humeur de mes proches à l'intonation de leur voix et à la façon dont ils parlent.	☐
42. Sur un projet, il m'arrive de m'enliser dans une tâche et de l'exécuter avec plus de soin et de minutie qu'il n'est nécessaire.	☐
43. Mon cerveau est une calculatrice et l'arithmétique m'a toujours paru facile.	☐
44. J'aime faire des exercices de réflexion logique.	☐
45. Je me sens relié aux autres et au monde qui m'entoure.	☐
46. À l'école, j'ai toujours trouvé la grammaire et l'orthographe faciles.	☐
47. J'ai tendance à mal interpréter les proverbes comme « On ne change pas de cheval au milieu du gué » dont je ne saisis pas le sens figuré.	☐
48. J'ai tendance à paniquer quand je dois faire un calcul rapide.	☐
49. Je suis doué pour évaluer les distances.	☐
50. J'ai un excellent sens de l'orientation.	☐

Réponses au test cerveau gauche/cerveau droit

Comment avez-vous réagi à ces cinquante affirmations ? Chaque fois que vous avez coché la case « D'accord », vous avez penché vers le cerveau gauche (G) ou le cerveau droit (D) comme indiqué ci-dessous. Comparez les cases cochées avec la liste ci-dessous et comptez le nombre de « G » et de « D » pour découvrir si votre réflexion est plus influencée par votre cerveau gauche ou votre cerveau droit.

1. « D'accord » signifie D.
2. « D'accord » signifie G…

3. G	9. D	15. D	21. G	27. G	33. G	39. D	45. D
4. G	10. G	16. D	22. D	28. G	34. G	40. G	46. G
5. G	11. D	17. D	23. G	29. G	35. D	41. D	47. G
6. D	12. D	18. G	24. D	30. D	36. D	42. G	48. D
7. D	13. G	19. G	25. D	31. G	37. D	43. G	49. D
8. G	14. G	20. D	26. G	32. D	38. D	44. G	50. D

Casse-tête pour le cerveau gauche

Comment votre œil réagit-il aux détails et quelles sont vos compétences en matière de chiffres ? Ces casse-tête sont un entraînement aux activités typiquement associées à l'hémisphère gauche du cortex. Vous devriez suivre ce parcours si le test cerveau gauche/cerveau droit a indiqué que vous êtes plus fort dans les activités mentales régies par l'hémisphère droit.

1. La grille « quatre fois cinquante »

Georgia, une artiste talentueuse, prend des cours pour développer les compétences numériques nécessaires à la bonne tenue de sa comptabilité professionnelle. Le premier exercice imposé par le professeur, Marc, consiste à résoudre le problème de la grille « quatre fois cinquante ». Il demande à ses étudiants : « Pouvez-vous diviser cette grille en quatre parties de taille et de forme égales, chacune contenant les chiffres dont la somme est égale à 50 ? »

Niveau 5
4 MINUTES

Solution p. 129

7	7	9	9	9	9
9	4	4	4	5	5
8	8	4	1	2	6
3	2	9	5	1	7
2	8	5	8	3	7
8	7	1	5	7	2

Astuce de réflexion
Nous ne travaillons pas en trois dimensions mais en deux dimensions – les quatre parties peuvent donc pivoter mais ne peuvent pas être retournées.

2. Palette de chiffres

Quand Winston a pris sa retraite de statisticien, il s'est mis à l'aquarelle. La jolie palette qu'il utilise pour son nouveau passe-temps lui a donné l'idée d'un casse-tête de logique numérique pour ses petits-fils, Jordan et Nathan. Les garçons avaient besoin de développer les capacités numériques typiques de leur cerveau gauche, donc Winston leur a demandé : « Observez attentivement et essayez de penser de manière logique. Les cercles de la palette de gauche ont été disposés différemment dans la palette de droite. Ils dessinent le même motif mais dans un ordre différent. Pouvez-vous déduire leurs nouvelles positions à partir des indices ci-dessous ? »

- Tous les cercles noirs sont sur le côté droit.
- Le résultat de la somme des deux cercles du bas est de 7.
- Le résultat de la somme des deux cercles du haut est de 4.

Niveau 1
1
MINUTE

Solution p. 129

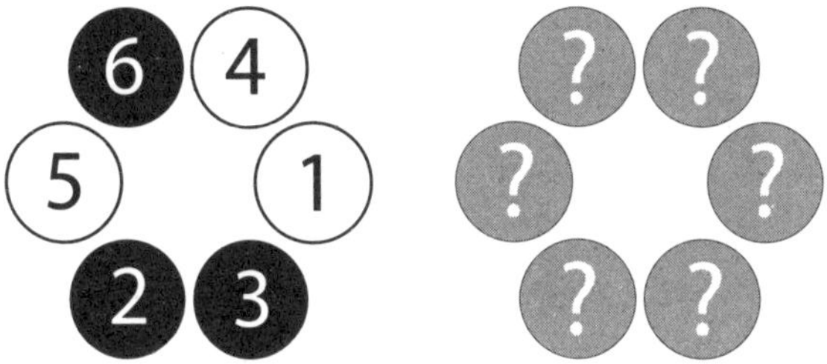

Astuce de réflexion
Comme dans tout test de réflexion logique, procédez étape par étape en commençant par poser les cercles noirs sur le côté droit de la palette.

3. Fermer le carré, version Antoine

Antoine considère que les étudiants de son atelier d'écriture tirent profit de la pratique de la logique et de la réflexion séquentielle. Il a donc décidé de les faire travailler à l'aide d'un jeu pour enfants : chacun son tour, chaque joueur joint deux points adjacents par un trait. Si un joueur ferme un carré, il gagne celui-ci et joue à nouveau.

Dans la grille ci-contre, Philippe et Nathalie ont déjà joué à plusieurs reprises. C'est maintenant au tour de Nathalie de jouer. Où doit-elle tracer un trait pour fournir à Philippe le moins de carrés possible ?

Niveau 1

1 MINUTE

Solution p. 129

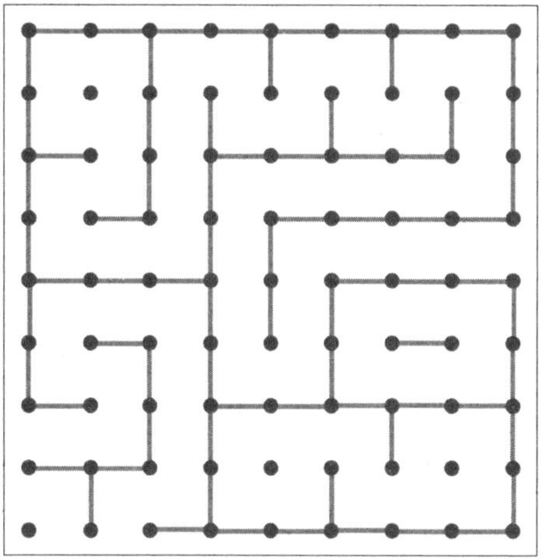

Astuce de réflexion

Rappelez-vous que Nathalie doit avoir un coup d'avance, notamment pour éviter de fournir à Philippe des carrés qu'il pourrait fermer d'un seul coup de crayon.

4. Étreintes et baisers

Dans la famille de Xavier, quand vous signez une carte postale, le rond symbolise une étreinte et la croix représente un baiser. Il s'est donc amusé à concocter ce casse-tête pour sa petite amie, Olivia. Dans le jeu de Xavier, les nombres inscrits dans les carrés sur le pourtour de la grille indiquent le nombre de croix présentes dans toutes les lignes verticale, horizontale et diagonale partant de ce carré. La tâche d'Olivia est de compléter la grille de façon qu'il y ait un rond – c'est-à-dire une étreinte – ou une croix – c'est-à-dire un baiser – dans chaque case. Pouvez-vous l'aider ?

Niveau 2
4
MINUTES

2	4	4	1	8	2	4
3		O				3
4	O	X	O	X	O	4
2		O		X	O	4
7	O	X	O	X		5
2		O	O	X		4
4	3	4	3	6	3	2

Astuce de réflexion

Olivia pourrait commencer par le carré contenant le chiffre 8 et se rappeler qu'une case du pourtour de la grille est toujours reliée à une ligne horizontale ou verticale ainsi qu'à une ou deux diagonales.

5. La voie codée

Paul, mathématicien et historien amateur, a conçu un jeu informatique baptisé *La Voie codée*. L'énigme ci-contre est tirée de la partie « Voyage dans le temps » de ce jeu, dans laquelle les joueurs doivent déchiffrer des codes pour identifier les noms de lieux et de célébrités du passé, ainsi que des dates. Voici la question posée ici : quel nom célèbre retrouve-t-on en passant une seule fois par tous les cercles ?

Niveau 1

1 MINUTE

Solution p. 130

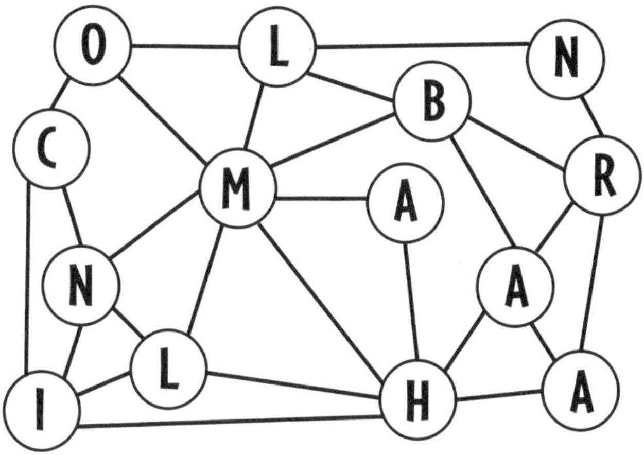

Astuce de réflexion

Paul est tellement grand qu'il doit faire confectionner ses vêtements sur mesure. Il aime introduire dans ses jeux les noms de personnes de grande taille ; ici la personne nommée est la plus grande de sa catégorie dans l'Histoire.

6. La phrase numérique

Marisa aime jouer avec les chiffres et faire des opérations. Elle a donc conçu un jeu de plateau magnétique : *La Phrase numérique*. Des chiffres et des symboles mathématiques légèrement aimantés adhèrent au plateau. Les joueurs doivent composer une opération qui contient uniquement des chiffres positifs et remplit tous les espaces. Marisa présente le jeu à des investisseurs potentiels dans le cadre d'une série de jeux pour équilibrer votre pensée : *Cerveau gauche/Cerveau droit*. Elle leur a demandé de créer une opération pour elle et voici ce qu'ils lui ont soumis. Maintenant, sous l'effet de la pression, elle a un blanc. Pouvez-vous aider Marisa à compléter cette opération avec les symboles mathématiques +, −, × et /. Les symboles peuvent être utilisés dans n'importe quel ordre. Un seul symbole a été utilisé deux fois.

Niveau 2
3
MINUTES

Solution p. 130

5	4	3	1	2	6

=	3

Astuce de réflexion

Il peut être utile de noter les chiffres sur un morceau de papier et d'essayer diverses combinaisons de symboles mathématiques pour voir lesquels fonctionnent.

7. Un peu d'ordre

John-jo est un acteur qui aime les casse-tête numériques : ils l'aident à se concentrer avant d'entrer en scène. Pour la pièce qu'il joue actuellement, *Cherchez le Numéro Un*, un jeu de jonglage numérique typique du cerveau gauche est particulièrement approprié car son personnage est un artiste obsédé par les chiffres au point de créer d'immenses toiles couvertes de nombres. Dans le casse-tête de John-jo, chaque ligne et chaque colonne contiennent les mêmes nombres et les mêmes symboles mathématiques (–, + et ×) mais ils sont présentés dans un ordre différent à chaque fois. Pouvez-vous l'aider à trouver le bon ordre pour obtenir les sommes indiquées ?

Niveau 3
6
MINUTES

Solution p. 131

4	-	1	x	2	+	3	=	9
							=	13
							=	5
							=	3
=		=		=		=		
5		7		16		19		

Astuce de réflexion

Munissez-vous d'un bloc et d'un crayon afin de noter des combinaisons de chiffres qui pourraient donner les bonnes réponses.

8. Le Ninja des chiffres

Ramsey, amateur de graffitis, a eu l'idée folle de peindre pendant la nuit des grilles de sudoku sur des murs dans toute sa ville. Se baptisant lui-même le Ninja des chiffres, il laisse des gros feutres à côté de ses grilles pour que les passants puissent les remplir. Voici l'une des grilles qu'il a peintes dans le quartier qui longe le fleuve. Comme dans tous les sudokus, vous devez remplir les cases vides de façon que chaque région de neuf cases, chaque ligne et chaque colonne contiennent les nombres de 1 à 9.

Niveau 3
15
MINUTES

Solution p. 131

	8	5	7					9
						6		
	9	2					1	8
			5		1			4
		6				8		
1			9		6			
9	4					3	8	
5		3		7				
					2	9	5	

Astuce de réflexion

Les experts du sudoku recommandent d'écrire au crayon tous les chiffres possibles dans chaque case avant de faire un choix définitif. Évidemment, quiconque tente de résoudre une grille de Ramsey devra commencer par recopier la grille.

9. Le panneau d'Allencia

Alain, étudiant en anthropologie, a conçu un jeu dans lequel les joueurs explorent les ruines d'Allencia, une cité perdue dans les montagnes. Pour pénétrer dans le palais souterrain, ils doivent résoudre l'énigme du panneau ci-contre. Pour compléter la grille, chaque ligne, chaque colonne et chaque région délimitée doivent comporter les lettres A, B, C, D, E et F.

Niveau 2
4
MINUTES

Solution p. 132

D			A	F	
		F		E	A
E	A		C		
			F	D	
B		A	E	C	
	D		B		

Astuce de réflexion

Commencez par la quatrième colonne à partir de la gauche, puis complétez la deuxième rangée à partir du haut. Vous pouvez suivre le conseil de la page 37 et inscrire au crayon à papier toutes les solutions possibles avant de les éliminer.

10. L'allée en zigzag

Professeur de mathématiques, Serge est passionné par son sujet. Confortablement installé dans la cour de sa maison, il a dessiné cette grille pour distraire ses petits-enfants, Nicolas, Mina et Aline. Le but du jeu consiste à tracer une allée partant du coin en haut à gauche et allant jusqu'au coin en bas à droite de la grille, en passant par toutes les cases dans le sens horizontal, vertical ou diagonal. L'allée ne doit passer qu'une seule fois sur chaque case et doit suivre la séquence de chiffres 1-2-3-4-5-6, 1-2-3-4-5-6, etc. Cette allée peut croiser son propre itinéraire. Pouvez-vous aider les enfants à retrouver leur chemin ?

Niveau 2
4
MINUTES

Solution p. 132

1	4	3	2	1	6
2	5	6	1	2	5
3	3	4	2	4	3
4	5	2	3	1	4
6	5	6	1	6	5
1	2	3	4	5	6

Astuce de réflexion

Comme Serge le montre à ses petits-enfants, les quatre premières étapes sont assez évidentes.

11. Sens unique

Gaspard est un architecte renommé qui crée également des casse-tête pour ses enfants passionnés de jeux. Celui-ci est vaguement basé sur le plan d'un bungalow qu'il a conçu pour un auteur en quête de solitude. Gaspard pose la question suivante à ses enfants : « Pouvez-vous passer chaque porte de ce plan une seule fois, sans recouper votre chemin ? Vous pouvez partir de la pièce de votre choix et il est permis de sortir de la maison. »

Niveau 3
3 MINUTES

Solution p. 132

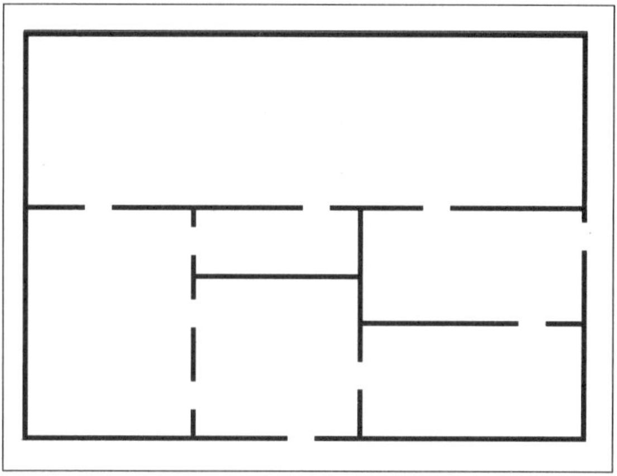

Astuce de réflexion

Peut-être le fait d'observer le nombre de portes de chaque pièce vous aidera-t-il ?

12. Chiffres musclés

Pouvez-vous placer tous ces nombres dans la grille ? Un nombre a été inscrit pour vous donner un point de départ.

3 chiffres	4 chiffres	5 chiffres	6 chiffres	7 chiffres
158	1 695	~~14 815~~	189 482	1 268 305
236	2 826	18 177	245 883	2 866 106
595	3 467	28 358	874 215	3 201 556
922	4 094	38 756	903 927	4 026 958
	5 619	46 384		4 368 022
	7 352	56 205		5 197 920
	8 904	68 978		5 845 514
	9 231	71 495		6 263 901
		87 281		6 312 368
		96 763		7 182 480
				7 359 890
				8 031 359
				9 189 763
				9 367 368

Niveau 2
8
MINUTES

Astuce de réflexion

Combien de nombres à 7 chiffres possèdent le chiffre 1 en cinquième position ?

13. Fermer le carré, version Nathalie

Nathalie, écrivain de son état, a adapté le jeu des carrés à fermer que lui avait fait découvrir son professeur d'écriture, Antoine (voir Exercice 3, page 26) et a intégré ce jeu dans l'une des enquêtes de son héros détective privé. Christophe, un chef de bande qui adore les casse-tête mathématiques, a capturé Ella, l'héroïne de l'histoire, et la défie à ce jeu. Comme auparavant, chacun son tour, chaque joueur joint deux points adjacents par un trait. Si un joueur ferme un carré, il gagne celui-ci et joue à nouveau. Maintenant, c'est au tour d'Ella de jouer. Où doit-elle tracer un trait pour fournir à son adversaire le moins de carrés possible ?

Niveau 2
3
MINUTES

Solution p. 133

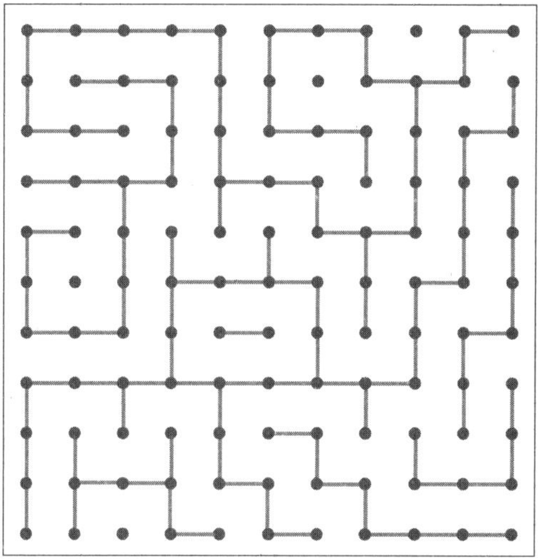

Astuce de réflexion

Ella doit trouver l'endroit où le trait qu'elle tracera ne donnera pas de carré à Christophe ou, au pire, pas plus d'un carré.

14. Fournée gauche/fournée droite

Pour stimuler les ventes de sa boulangerie, fréquentée par de nombreux scientifiques d'un laboratoire voisin, Ruby a lancé une ligne de gâteaux baptisée Fournée gauche/fournée droite. Les brioches et les gâteaux de la fournée droite ont des formes originales et sont nappés de glaçages multicolores. La série de symboles ci-contre est un exemple des produits de la fournée gauche ; des symboles et des chiffres sont dessinés en glaçage sur les petits gâteaux et sont disposés de façon à composer des opérations. Ici, parmi les gâteaux qu'elle a placés dans la vitrine, Ruby a omis des symboles et des chiffres. Pouvez-vous compléter les opérations ? Chaque symbole représente un nombre entier, aucun n'étant inférieur à 1. Pour obtenir le résultat correct à la fin de chaque ligne, trouvez la valeur de chaque symbole.

Niveau 3
6
MINUTES

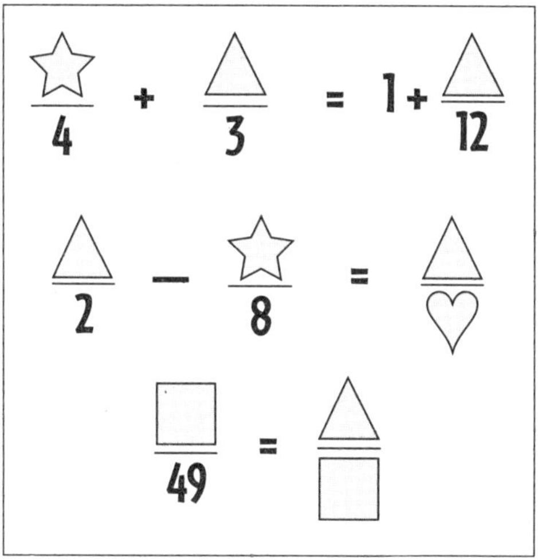

Astuce de réflexion
Chaque symbole représente un nombre entier, mais les résultats peuvent comporter des fractions comme 1/2.

15. L'amour sur un plateau

Olivia a été séduite par le jeu humoristique des ronds et des croix concocté par Xavier (voir Exercice 4, page 28) et, dans son atelier de poterie, elle a créé sa propre version sur un plateau émaillé qu'elle lui a offert en retour. Comme dans la version originale, les nombres inscrits dans les carrés sur le pourtour de la grille indiquent le nombre de croix présentes dans toutes les lignes verticale, horizontale et diagonale liées à ce carré. Pouvez-vous aider Xavier à compléter la grille de façon qu'il y ait un rond ou une croix dans chaque case ?

Niveau 3
5
MINUTES

Solution p. 134

4	3	3	1	5	3	4
3						2
4				X		3
2			X	O		4
4		X			X	5
2				X		3
4	2	2	3	6	4	4

Astuce de réflexion

Commencez par le chiffre 1, puis passez au chiffre 6 et vous devriez être sur la bonne piste.

16. Lancement de la phrase numérique

Marisa a trouvé des investisseurs disposés à soutenir son projet de jeux (voir Exercice 6, page 32). Elle a créé la phrase numérique ci-contre pour une campagne promotionnelle en ligne quand le site sera prêt à être lancé. Comme auparavant, les joueurs doivent utiliser les symboles mathématiques +, –, × et / pour composer une opération qui contient uniquement des chiffres positifs et remplit tous les espaces. Un symbole est utilisé deux fois.

Niveau 4

4 MINUTES

Solution p. 134

7		3		5		4		6		2

=	22

Astuce de réflexion

Vous devriez peut-être chercher un symbole qui permet de conserver un total assez faible dans la première somme de la phrase.

17. La note manquante de Karlheinz

Au dernier rang de l'orchestre, dans la section des percussions, Karlheinz et Dieter passent de longs moments sans jouer Karlheinz en profite pour concevoir des casse-tête pour Dieter. En voici un qu'il a créé à l'Opéra hier soir. La position de la dernière note est indiquée par une croix, mais la note elle-même manque. Quel type de note devrait figurer sur la portée, une noire ou une blanche, avec ou sans croche ?

Niveau 5
3
MINUTES

Solution p. 134

Astuce de réflexion

Observez attentivement la séquence et les positions relatives des notes. Karlheinz est connu pour son amour de la logique, il doit donc y avoir des règles simples et régulières qui régissent l'aspect des notes.

18. Un test pour sir Crispin

John-jo montre son jeu Un peu d'ordre à ses camarades acteurs en coulisse (voir Exercice 7, page 34) et sir Crispin Grand, un vieux de la vieille, lui demande : « Pouvez-vous me fournir quelques-uns de ces jeux pour mon théâtre, jeune homme ? » Voici l'un des jeux que John-jo lui a proposés. Comme auparavant, chaque ligne et chaque colonne contient les mêmes nombres et les mêmes symboles mathématiques, mais ils sont présentés dans un ordre différent à chaque fois. Ce casse-tête risque d'être un peu trop ardu pour sir Crispin qui commenceà être âgé. Pouvez-vous l'aider à trouver le bon ordre pour obtenir les sommes indiquées ?

Niveau 5
8
MINUTES

7	+	5	x	6	-	2	=	70
							=	14
							=	27
							=	21
=		=		=		=		
15		63		16		49		

Astuce de réflexion

Le total est faible dans la première colonne, ce qui indique que le signe de multiplication doit venir avant le 2 dans cette opération.

19. Gâteaux à calculer

Les gâteaux Fournée gauche/fournée droite de Ruby ont rencontré un franc succès auprès des scientifiques de sa clientèle (voir Exercice 14, page 48), notamment auprès de Vanessa qui lui a passé une commande spéciale pour une fête organisée à son laboratoire : les gâteaux seront exposés sous une banderole indiquant « Les gâteaux à calculer ». Comme auparavant, chaque symbole représente un nombre entier, aucun n'étant inférieur à 1. Pour obtenir le total correct à la fin de chaque ligne, trouvez la valeur de chaque symbole.

Niveau 5
8
MINUTES

Solution p. 135

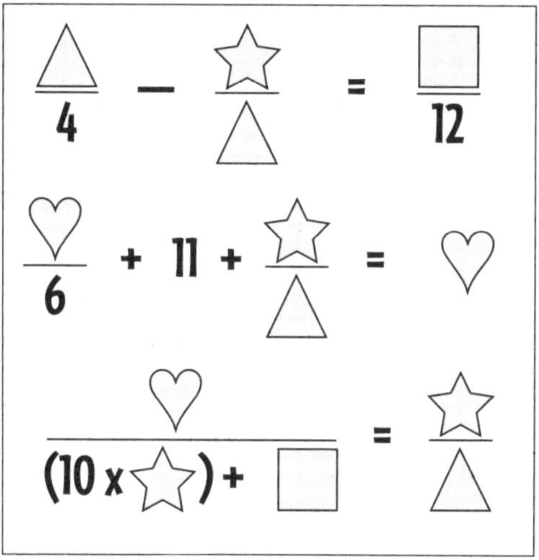

Astuce de réflexion
L'association des symboles de la dernière ligne indique que l'étoile doit représenter un nombre faible.

20. Pile de chiffres

Statisticien retraité et aquarelliste amateur, Winston (voir Exercice 2, page 24) a conçu un autre casse-tête de logique numérique pour ses petits-fils, Jordan et Nathan. Il a attribué des chiffres à deux boîtes de matériel de peinture blanches, deux boîtes grises et deux boîtes noires. Il a organisé sa composition, puis a posé la question suivante à ses petits-fils : « Les cubes ont été réorganisés. Ils dessinent le même motif mais dans un ordre différent. Pouvez-vous déduire leurs nouvelles positions à partir des indices ci-dessous ? »

- Tous les blocs ont bougé, sauf un.
- La somme des deux blocs du bas est égale à 6 alors que la somme des quatre blocs du milieu est égale à 10.
- Les deux blocs noirs sont adjacents.

Niveau 2
2
MINUTES

Solution p. 135

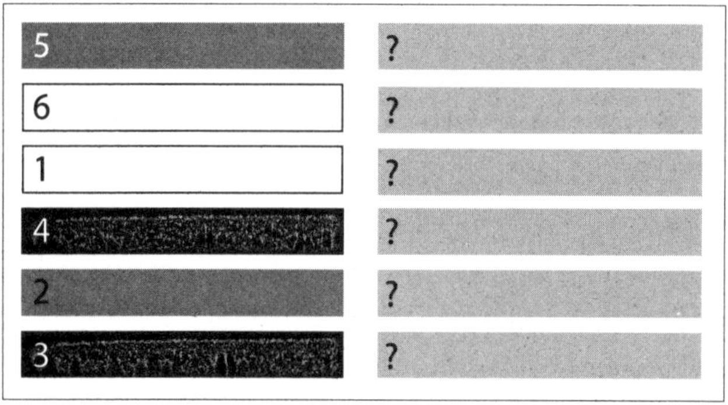

Astuce de réflexion
Commencez par trouver quels sont les deux blocs du bas.

21. Le panneau de San Giovanni

Le jeu vidéo d'Alain axé sur l'exploration d'une cité perdue (voir Exercice 9, page 38) n'a pas été un succès. Il a retravaillé sur l'idée d'une recherche se déroulant dans la cité moderne imaginaire de San Giovanni, abandonnée après un désastre climatique. Cette fois, les joueurs doivent compléter le panneau pour avoir accès aux médicaments dans les ruines de l'hôpital de la ville. Comme auparavant, votre objectif est de compléter la grille de façon que chaque ligne, chaque colonne et chaque région délimitée comportent les lettres A, B, C, D, E et F.

Niveau 5
8
MINUTES

Solution p. 136

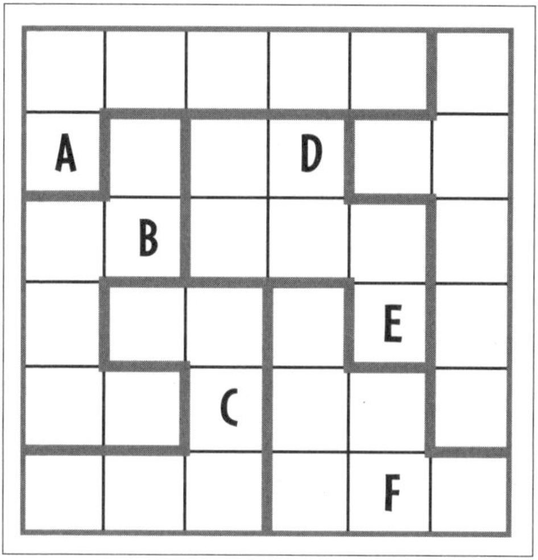

Astuce de réflexion
Les régions contenant deux lettres sont sans doute les meilleures pour commencer.

22. Le Sudoku de la mort

Le graffeur Ramsey a connu la célébrité grâce à ses grilles de sudoku (voir Exercice 8, page 36) et a été récompensé par un contrat. Il doit créer des casse-tête similaires sur les murs d'une ville dans un film tourné à Hollywood, *Le Sudoku de la mort*. Ce long-métrage narre l'histoire d'un tueur en série passionné de chiffres. Voici l'une des grilles du film. Comme d'habitude dans un sudoku, vous devez remplir les cases vides de façon que chaque région de neuf cases, chaque ligne et chaque colonne contiennent les nombres de 1 à 9.

Niveau 5
20
MINUTES

		6		1	3	4		
3	1			9		6		5
			8					1
2	9					1	4	
	4	3					5	9
8					4			
9				3			1	8
		1	9	5		7		

Astuce de réflexion
Tout est une question de logique numérique ; procédez donc étape par étape. Faites une pause si vous êtes bloqué à un moment.

23. L'allée en zigzag (*bis*)

Serge, professeur de mathématiques, a conçu une grille numérique pour distraire et éduquer ses petits-enfants (voir Exercice 10, page 40). Il a dessiné celle-ci sur un grand poster qu'il a accroché dans la salle de jeux. Comme auparavant, l'objectif est de tracer une allée partant du coin en haut à gauche et allant jusqu'au coin en bas à droite de la grille, en passant par toutes les cases dans le sens horizontal, vertical ou diagonal. L'allée ne doit passer qu'une seule fois sur chaque case et doit suivre la séquence de chiffres 1-2-3-4, 1-2-3-4, etc. Cette allée peut croiser son propre itinéraire. Pouvez-vous trouver votre chemin ?

Niveau 4
5
MINUTES

Solution p. 137

1	2	1	2	3	1	2	4
3	1	4	2	1	4	1	3
2	4	3	3	4	2	3	1
4	3	4	1	2	1	4	2
3	1	3	2	2	4	3	2
4	2	3	1	3	1	1	3
1	3	2	4	2	4	4	3
2	4	1	3	4	1	2	4

Astuce de réflexion

Vous avez un avantage sur les petits-enfants de Serge : vous pouvez suivre l'itinéraire de la pointe d'un crayon même si vous ne le tracez pas vraiment.

24. Les jumeaux

Dans le très chic hôtel d'Édimbourg *The Garage*, le chef Rory utilise des casse-tête de ce type pour stimuler la rapidité de réflexion et la concentration sur les détails de son personnel. Ce matin, il pose la question suivante : « Comparez ces neuf chariots élévateurs. Seuls deux d'entre eux sont identiques ; pouvez-vous trouver ces jumeaux ? Le gagnant recevra une excellente bouteille de bourgogne. »

Niveau 2

2 MINUTES

Solution p. 137

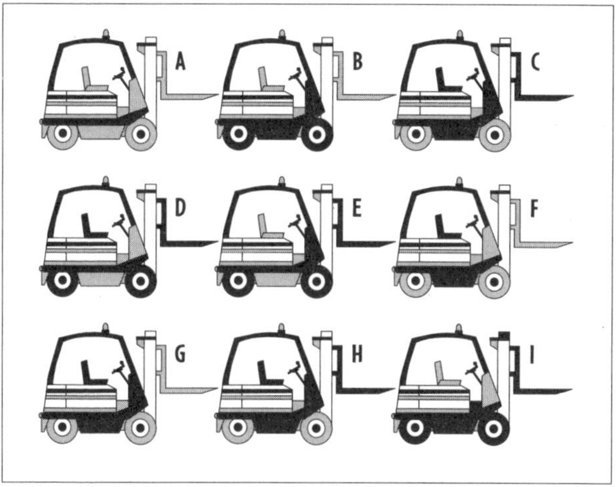

Astuce de réflexion

Mettez à contribution les capacités de tri du cerveau gauche pour relever les détails qui distinguent les chariots élévateurs.

25. D'autres chiffres musclés

Pouvez-vous placer tous ces nombres dans la grille ? Un nombre a été inscrit pour vous donner un point de départ.

3 chiffres	4 chiffres	5 chiffres	6 chiffres	7 chiffres
380	1 037	14 656	575 769	1 249 518
385	2 353	28 360	578 581	2 150 959
~~951~~	3 171	40 342	924 732	3 309 290
969	4 085	40 657	984 336	3 768 095
	4 116	43 751		4 199 723
	6 401	45 876		4 406 557
	7 985	47 917		5 615 635
	9 678	52 758		6 839 069
		90 602		6 934 931
		94 713		7 336 519
				8 250 325
				8 452 402
				9 553 741
				9 748 516

Niveau 4
10
MINUTES

Solution p. 137

Astuce de réflexion

Deux nombres à 7 chiffres possèdent le chiffre 1 en deuxième position. Associez tâtonnement et réflexion logique pour trouver le nombre suivant sur la grille.

Casse-tête pour le cerveau droit

Comment utilisez-vous votre pensée spatiale ? Et votre perception visuelle ? Ces casse-tête sont un entraînement aux activités typiquement associées à l'hémisphère droit du cortex. Vous devriez suivre ce parcours si le test cerveau gauche/cerveau droit a indiqué que vous êtes plus fort dans les activités mentales régies par l'hémisphère gauche.

26. Quelques dés

Barthélemy, architecte d'intérieur, a créé ce motif de carreaux monochromes pour le mur de la salle de jeux dans l'appartement de luxe de son client Monsieur C. Une intuition de dernière minute l'a poussé à ajouter un intrus. En lui présentant le travail terminé, il demande à Monsieur C. : « Lequel de ces carreaux est un intrus ? »

Niveau 1

2 MINUTES

Solution p. 138

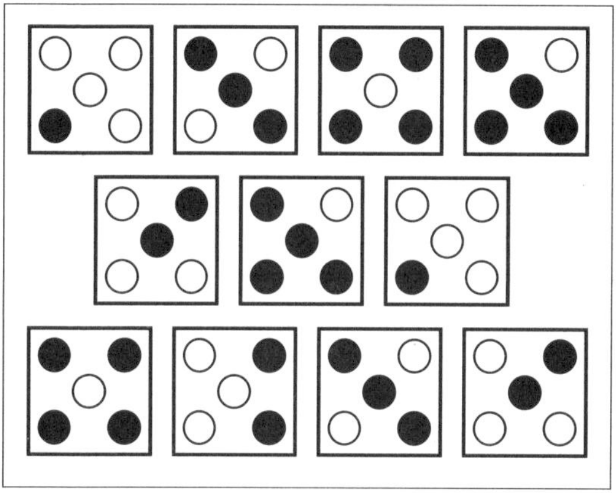

Astuce de réflexion

Tous les dessins sont-ils uniques ?

27. Fragments de tableau

Jérôme aime voir comment les choses s'assemblent. Quand il était petit, il était passionné de maquettes de bateau et d'avion et il construit aujourd'hui des décors de théâtre. Pour sa nièce Rose, il a créé ce casse-tête en s'inspirant de sa passion pour les maquettes de bateau. Rose est une fondue de mathématiques, mais elle souhaite développer les compétences de son cerveau droit. Voici l'énigme : quelle case contient les pièces nécessaires à la composition de ce bateau ?

Niveau 1
1
MINUTE

Solution p. 138

Astuce de réflexion

Vous devez trouver deux pièces identiques.

28. Les pliages et découpages de Rosario

L'institutrice Rosario aime utiliser les casse-tête sous forme de découpages, comme ceux qui sont présentés ci-contre, avec ses élèves âgés de six ans ; elle arrive ainsi à leur démontrer comment un changement infime peut avoir des effets considérables s'il est répété ou s'il est réalisé à un endroit stratégique. Elle a créé ce casse-tête pour l'exposer dans sa salle de classe pour la journée des parents. Voici la question : lequel des motifs, A, B ou C, est le résultat de ce pliage et de ce découpage ?

Niveau 2
2
MINUTES

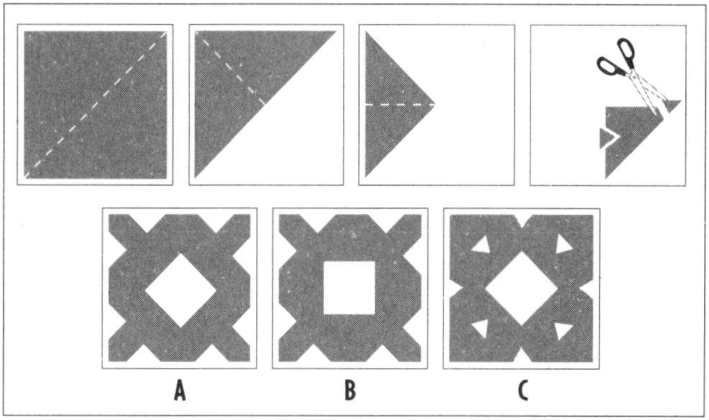

Astuce de réflexion

Le nombre de coupes correspond-il au nombre de pliages ?

29. C'est un tout

Christophe, le professeur d'arts plastiques, a utilisé ce type de casse-tête comme échauffement pour ses étudiants. Les pièces peuvent être assemblées pour former un rectangle noir dans lequel le nom d'un artiste célèbre est écrit en blanc. Pouvez-vous recomposer ce nom mentalement ?

Niveau 1

1 MINUTE

Solution p. 139

Astuce de réflexion
Écrivez les lettres au fur et à mesure que vous les reconnaissez en commençant par le R.

30. À mi-chemin

Édouard anime des ateliers de « Créativité sur le lieu de travail ». « Vous devez avoir une vision globale, affirme-t-il à ses clients. Ne vous enlisez pas dans les détails. » Il utilise le casse-tête suivant pour illustrer son propos. Une fois terminé, ce tableau est symétrique de part et d'autre d'une ligne médiane verticale. En noircissant chaque case de la moitié gauche dont le symétrique est noir dans la moitié droite, et vice versa, une image se dessinera. Mais que représente-t-elle ?

Niveau 2
5
MINUTES

Solution p. 139

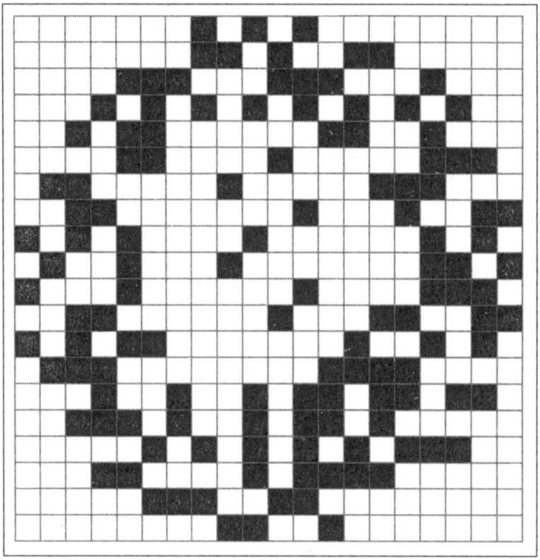

Astuce de réflexion

Édouard taquine ses clients : « Cette image paraît déjà familière… »

31. Test monochrome

Shakir a baptisé son cabinet-conseil de design « Monochrome » ; logiquement, toute sa papeterie et son matériel de bureau sont en noir et blanc. Le « Test monochrome » était un jeu intégré à un mailing promotionnel envoyé à des clients potentiels. Il consiste à trouver quel est le motif (A, B, C, D) qui est repris dans la grille principale. Méfiez-vous : il a peut-être été pivoté.

Niveau 2
2
MINUTES

Solution p. 139

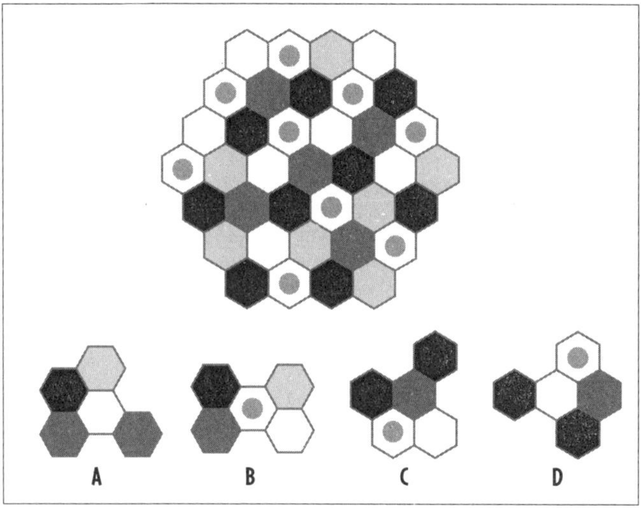

Astuce de réflexion
Évitez de trop vous concentrer sur le détail de l'alignement des hexagones et essayez de saisir la combinaison des groupes dans la figure principale.

32. L'itinéraire de l'abeille

Inquiet de la baisse du nombre d'abeilles, David, professeur de physique, a installé une ruche dans son petit jardin de ville. Elles lui ont inspiré ce casse-tête destiné à ses étudiants. Il leur demande : « Observez la progression de l'abeille dans le rayon de miel. Dans quelle alvéole ira-t-elle ensuite ? »

Niveau 3

3 MINUTES

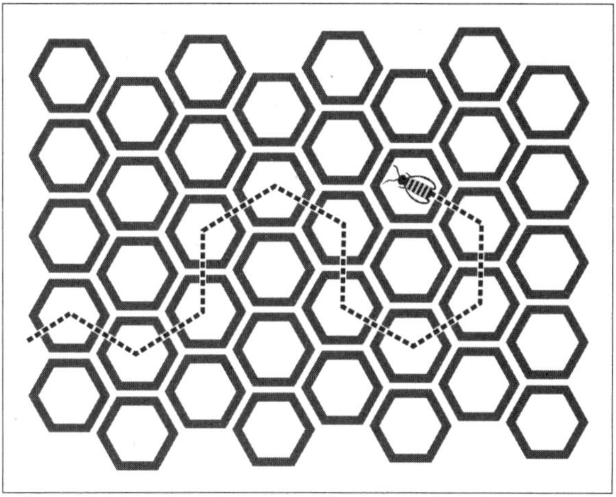

Astuce de réflexion

Observez l'itinéraire de l'abeille par rapport à la disposition globale du rayon de miel.

33. Fragment de motif

Anna, maître de conférences en physique, a commencé à concevoir ses casse-tête pour occuper son temps durant ses vacances d'été. Le but du jeu consiste à identifier le motif derrière l'agencement des cases noircies dans la grille et à trouver quel module (A, B, C ou D) comble l'espace vacant.

Niveau 3
2
MINUTES

Solution p. 140

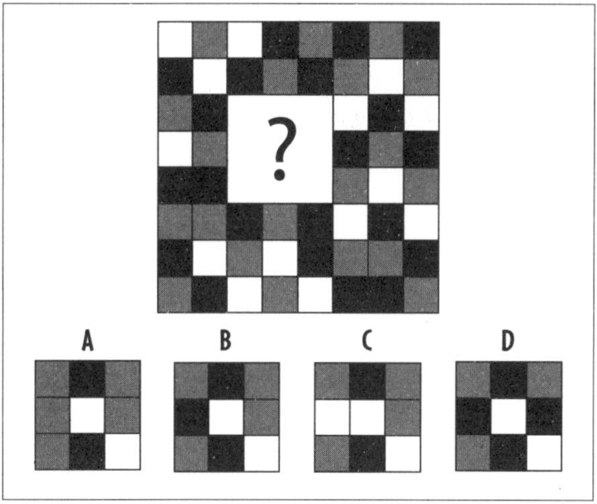

Astuce de réflexion

Veillez à bien observer le motif d'ensemble.

34. Zone mathématique

Il est temps de changer de perspective. Lequel des quatre plans – A, B, C ou D – serait-il la vue que vous auriez de ces cinq objets mathématiques si vous les survoliez d'un planeur ? Cette question fait partie d'un jeu vidéo conçu par les frères Chikao et Koji, baptisé *Zone mathématique*, dans lequel les joueurs explorent et jouent avec des formes mathématiques en deux et trois dimensions.

Niveau 2

2 MINUTES

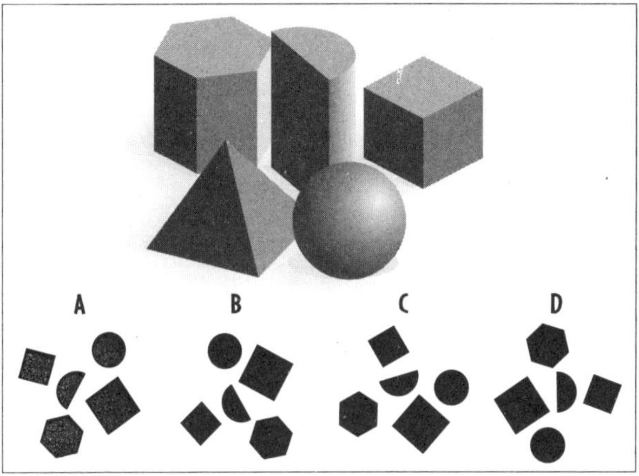

Astuce de réflexion
Veillez à faire la distinction entre la base de la pyramide et celle du carré.

35. Assemblage

Étudiant aux Beaux-Arts, Adetayo a eu l'idée de ce puzzle alors qu'il travaillait un dimanche dans l'atelier de réparation automobile de son oncle Fitz. Il a fait un dessin agrandi d'une roue dentée et a découpé celui-ci en dix morceaux potentiels. Quels sont les quatre morceaux – deux blancs et deux noirs – qui s'adaptent pour reconstituer la roue dentée ? Il n'y a qu'une seule règle à respecter : les morceaux peuvent pivoter, mais pas être retournés.

Niveau 3
3
MINUTES

Solution p. 141

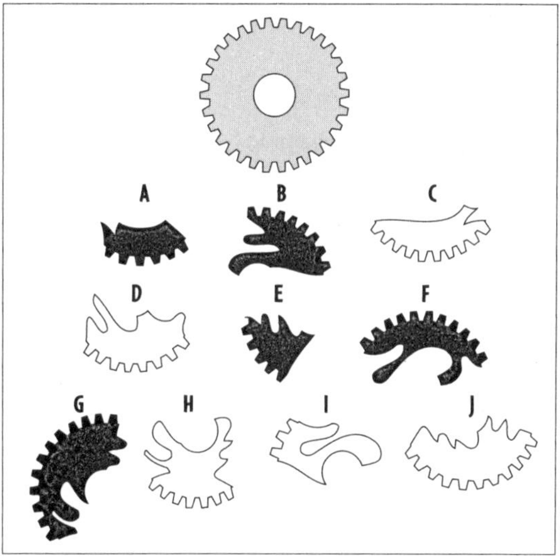

Astuce de réflexion

Tourner le livre entre vos mains vous aidera peut-être à visualiser la façon dont les bords intérieurs compliqués s'ajustent.

36. Une vie en morceaux

Jérôme, le créateur de décors de théâtre, a élaboré un autre casse-tête sur le même principe que le précédent (voir Exercice 27, page 76). Il l'avait d'abord conçu comme toile de fond pour la réalisation d'une pièce, *Monsieur Frédéric déjeune encore*, dont le personnage principal est un homme d'affaires corpulent dont la vie se désagrège. Il en a ensuite fait un tableau qu'il a offert à l'acteur célèbre qui joue le rôle, sir Crispin Grand. Voici la question : quelle case contient les pièces nécessaires à la composition du portrait de l'homme d'affaires ?

Niveau 2

2 MINUTES

Solution p. 141

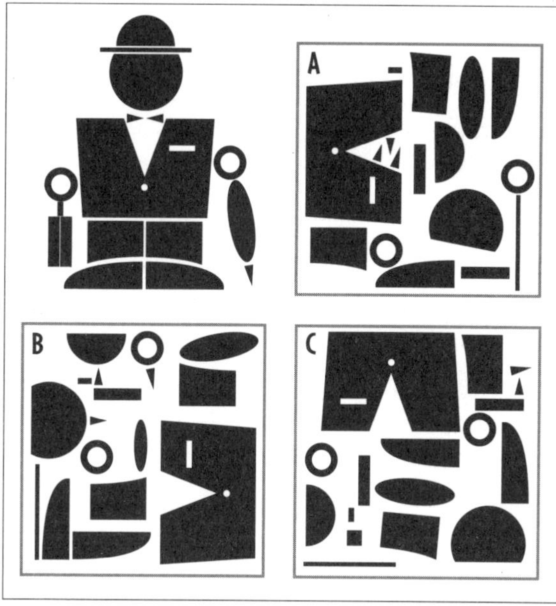

Astuce de réflexion

Essayez de cocher les composantes présentes dans chaque image fragmentée.

37. Tracer les frontières

Olivier, cartographe, s'est inspiré de son amour des cartes géographiques pour créer ce casse-tête à l'intention de sa petite-amie, Marie. Elle est fascinée par ce travail et, pour préparer un cours qu'elle donne aux Beaux-Arts, elle lui demande son aide pour s'entraîner à visualiser les formes et les surfaces. Le jeu conçu par Olivier consiste à tracer deux lignes droites dans la grande forme pour créer trois parties identiques. Marie trouve cet exercice très ardu. Pouvez-vous l'aider ?

Niveau 3
3
MINUTES

Solution p. 141

Astuce de réflexion

Pour créer trois parties identiques, vous devrez recréer, deux fois, la protubérance en V aigu qui se trouve en haut de la grande forme.

38. Dans la maison des reptiles

Isabelle a créé, pour une école d'art, une grande peinture murale représentant un lézard et un serpent, baptisée *Dans la maison des reptiles*. En tant qu'artiste, elle associe de façon intéressante des démarches typiques du cerveau gauche et des démarches typiques du cerveau droit. Elle inclut, par exemple, des symboles mathématiques comme les cercles du diagramme de Venn (voir ci-contre) et associe des problèmes de calcul à ses peintures. Elle a ajouté un niveau supplémentaire à sa fresque en introduisant le casse-tête suivant : sur 100 personnes interrogées, 20 n'ont jamais touché un reptile, alors que 67 ont touché un serpent et 71 ont touché un lézard. Combien de personnes ont touché à la fois un serpent et un lézard ?

Niveau 2
3
MINUTES

Solution p. 142

Astuce de réflexion

Le diagramme de Venn d'Isabelle fournit une solution simple pour trouver la zone commune à ceux qui ont touché à la fois un serpent et un lézard.

39. Un nom célèbre

Christophe a conçu un autre casse-tête pour ses étudiants (voir Exercice 29, page 80). Comme auparavant, les pièces peuvent être assemblées pour former un rectangle noir dans lequel le nom d'un artiste célèbre est écrit en blanc. Christophe demande à ses étudiants de reconstituer ce nom.

Niveau 4

3 MINUTES

Solution p. 142

Astuce de réflexion

On dirait qu'il y a un G quelque part.

40. Équidistance

Essien, étudiant en philosophie, a conçu cet exercice de réflexion créative alors qu'il était barman pour un prestigieux mariage de la haute société. Il mit l'un des invités, le célèbre réalisateur de films Alex Sands Jr., au défi de le résoudre. Voici l'exercice : quatre verres de vin identiques se trouvent sur la table. Pouvez-vous les placer de façon que le centre exact du pied de chaque verre soit à égale distance du centre exact du pied des trois autres verres ?

Niveau 3

3 MINUTES

Astuce de réflexion

Quand Alex a demandé : « Les verres doivent-ils rester posés sur leur pied tous les quatre ? », Essien a hoché la tête imperceptiblement.

41. Combinaison à trois

William V. Jones, célèbre auteur de romans de science-fiction et de thrillers, a créé ce casse-tête comme combinaison d'ouverture du coffre-fort dans sa chambre. Sur quatre formes – de A à D – , trois seront assemblées pour former le triangle. Une fois le triangle reconstitué, le coffre s'ouvre. Quelles sont les trois formes du bas qui composent le triangle ? Les formes peuvent pivoter, mais pas être retournées.

Niveau 3
2
MINUTES

Solution p. 143

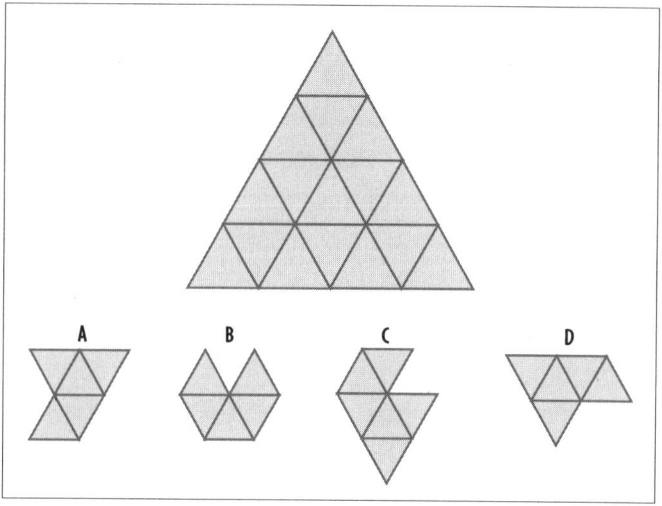

Astuce de réflexion

Commencez par trouver la forme qui compose le haut du triangle.

42. À mi-chemin (*bis*)

Édouard jouit d'un fort taux de satisfaction chez les clients qui fréquentent ses ateliers de « Créativité sur le lieu de travail » (voir Exercice 30, page 82) et a obtenu un contrat pour travailler avec le personnel de la bibliothèque municipale. Il a créé un autre casse-tête qu'il utilise avec un groupe d'archivistes pour les inciter à enclencher le processus de « vision globale », typique du cerveau droit. Comme auparavant, il présente un tableau inachevé qui, une fois terminé, sera symétrique de part et d'autre d'une ligne médiane verticale. En noircissant chaque case de la moitié gauche dont la symétrique est noire dans la moitié droite, et vice versa, une image se dessinera. Pouvez-vous aider les archivistes à trouver ce qu'elle représente ?

Niveau 3
6
MINUTES

Solution p. 143

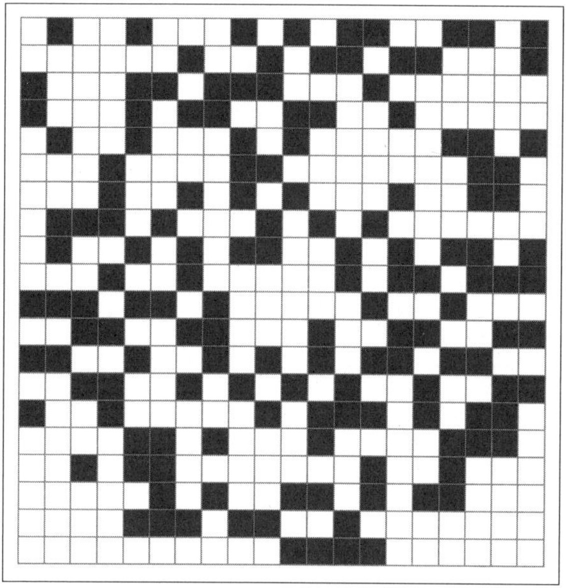

Astuce de réflexion

Comme auparavant, l'image finale sera reconnaissable avant que vous ayez fini de noircir les cases.

43. Colmater la brèche

Louis, acteur de profession mais ayant une formation de mathématicien, dirige un atelier de créativité et épanouissement personnel baptisé « Un cerveau complet pour une vie meilleure ». Il a imaginé ce problème passionnant pour un groupe de mathématiciens. À la fin d'une séance où ils ont fini par discuter du rôle de la créativité et de la pensée contre-intuitive dans la résolution des problèmes, il leur présente l'image et leur demande : « Quel nombre devrait-il apparaître dans la case ? » Il ajoute : « Faites une pause. Essayez de voir les choses sous un nouvel angle. »

Niveau 5
4
MINUTES

Solution p. 143

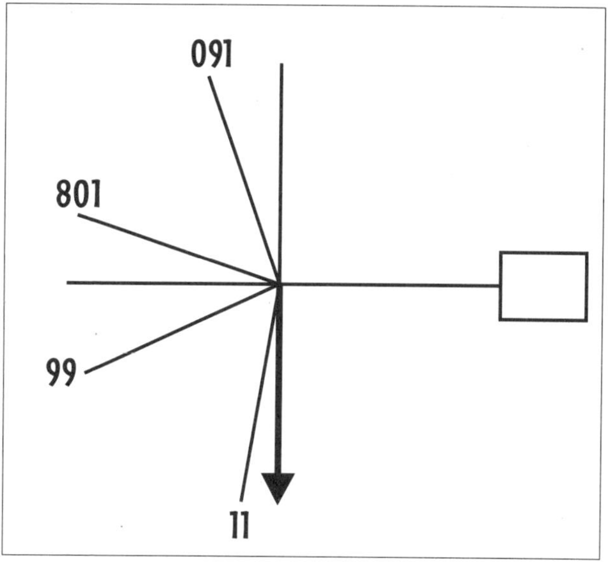

Astuce de réflexion
Vous devez faire ici un saut créatif – réfléchir à votre position ?

44. Accord monochrome

Shakir a reçu de nombreux compliments à propos du « Test monochrome » qu'il a utilisé comme promotion de son cabinet-conseil de design (voir Exercice 31, page 84). Il a donc créé un casse-tête similaire pour distraire les visiteurs dans la salle d'attente de ses bureaux. Rajiv, un designer talentueux, est là pour un entretien d'embauche et aimerait résoudre l'énigme avant son rendez-vous, mais il n'y parvient pas parce qu'il est très nerveux. Comme auparavant, seul l'un des quatre motifs est présent dans la grille principale. Pouvez-vous aider Rajiv à le retrouver ? Méfiez-vous : le motif caché a peut-être été pivoté.

Niveau 4
3
MINUTES

Solution p. 144

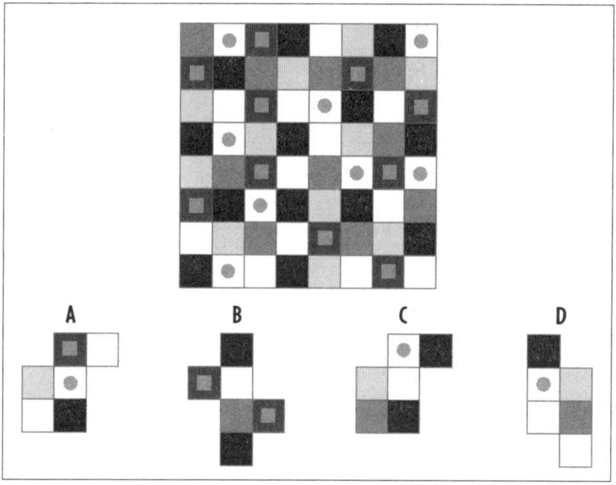

Astuce de réflexion
Cochez ou barrez chaque motif que vous éliminez. Faites une pause si vous vous sentez bloqué.

45. Quatre en un

Olivier a conçu un autre casse-tête à l'intention de sa petite-amie, Marie (voir Exercice 37, page 96). Cette fois-ci, le jeu consiste à tracer trois lignes droites dans la grande forme pour créer quatre parties identiques. Nous savons que Marie trouve cet exercice assez ardu. Pouvez-vous l'aider ?

Niveau 5
4
MINUTES

Solution p. 144

Astuce de réflexion

Il est utile de considérer le problème sous un angle différent en faisant tourner l'image. Vous pouvez poser un crayon ou un stylo sur l'image pour essayer différentes solutions.

46. Pièces détachées de camion

Adetayo a créé un autre puzzle pour son oncle Fitz (voir Exercice 35, page 92). Cette fois, il s'est inspiré d'un camion qui lui a fourni des pièces détachées à l'atelier de réparation automobile de son oncle. Quelles sont les six pièces – trois blanches et trois noires – qui s'adaptent pour reconstituer la silhouette du camion ? Les pièces peuvent pivoter, mais pas être retournées.

Niveau 5

5 MINUTES

Solution p. 144

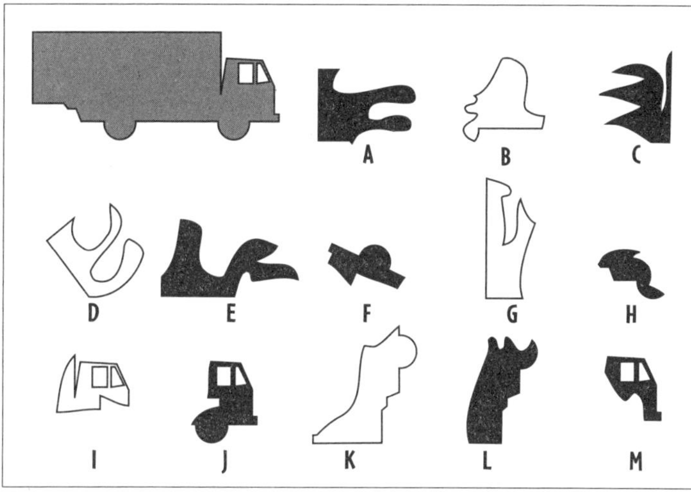

Astuce de réflexion

Commencez par la cabine. Essayez de trouver les sections qui s'adapteront avec les trois parties de cabine potentielles.

47. Placement de motif

Anna a conçu un second casse-tête (voir Exercice 33, page 88) avec des carreaux monochromes pour la fête d'été de la faculté de physique. Comme auparavant, le jeu consiste à identifier le motif derrière l'agencement des cases noircies dans la grille et à trouver quel module comble l'espace vacant. Mais cette fois-ci, Anna a introduit un nouvel élément en ajoutant des chiffres dans la grille.

Niveau 4
5
MINUTES

Solution p. 145

Astuce de réflexion

Les amateurs de sudoku peuvent apprécier ce casse-tête.

48. Traversée du désert

Alex Sands Jr., le célèbre réalisateur (voir Exercice 40, page 102), a demandé à Essien, l'étudiant en philosophie, de créer un exercice sur le thème de l'âge d'or des explorateurs britanniques au XIXe siècle. Essien est revenu avec l'énigme suivante : le robuste explorateur britannique sir Quentin Walsingham, surnommé « Waltz », veut traverser le désert Jaune à pied. Cela demande six jours, mais le gentleman explorateur ne peut porter de l'eau et de la nourriture que pour quatre jours. Le village où il se trouve peut lui fournir des porteurs, mais ceux-ci demandent 100 shillings par jour pour leurs services. Pour la première fois de sa vie, sir Quentin est un peu à court d'argent. Quel est le nombre minimal de porteurs dont il a besoin pour l'aider et combien cette aventure va-t-elle lui coûter en shillings locaux ? Il sera heureux de prendre sa part de la charge.

Niveau 4

4 MINUTES

Solution p. 145

Astuce de réflexion

Chaque jour qui passe allège les sacs de provisions des voyageurs.

49. Rangée de dominos

Marcia, graphiste, a conçu cette image de dominos – en s'autorisant une licence artistique dans son interprétation des dominos – pour la couverture du CD de *Two Tone*, le single de The Ska Council, le groupe de son frère. Par la suite, elle a adapté la pochette en casse-tête pour l'album du groupe Porkpie Hat. La question est la suivante : en toute logique, que doit représenter le premier domino pour commencer la séquence ?

Niveau 4
3
MINUTES

Solution p. 146

Astuce de réflexion

Rappelez-vous le titre du single du groupe – *Two Tone*, c'est-à-dire « à deux tons » : il donne peut-être un indice numérique.

50. Le dernier pliage et découpage de Rosario

L'institutrice Rosario a créé un second casse-tête pour la soirée des parents (voir Exercice 28, page 78), mais cette fois l'exercice est destiné aux parents eux-mêmes. Il est plus difficile que celui qu'elle avait conçu pour les enfants, et certains adultes ont eu du mal à le résoudre, ce qui leur a donné plus de respect pour les capacités de leurs enfants. Voyez-vous lequel des trois motifs est le résultat de ce pliage et de ce découpage ?

Niveau 3

3 MINUTES

Solution p. 146

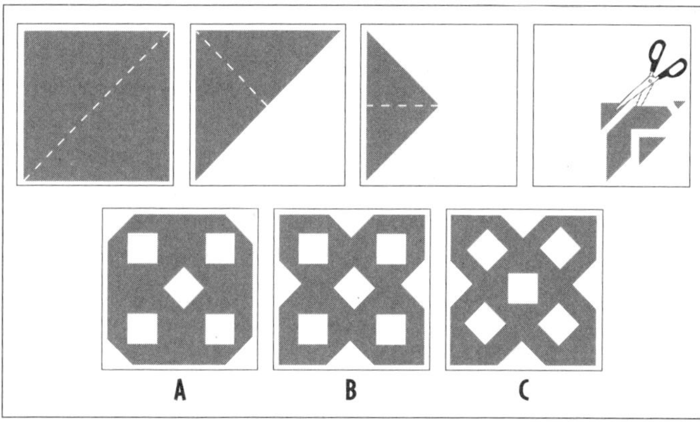

Astuce de réflexion

Observez le découpage du coin pour limiter le champ des recherches.

Les solutions

Il est évidemment impensable qu'un livre de casse-tête ne comporte pas une section de solutions. Mais vous avez tout à gagner à ne pas la consulter trop vite. Si vous butez sur un casse-tête, persévérez. Faites une pause. Revenez sur le problème le lendemain si vous voulez. Vous pourriez être étonné de la capacité du cerveau à résoudre un problème alors qu'il est apparemment occupé à autre chose. Vous développerez plus efficacement votre intelligence si vous trouvez la solution par vous-même.

1. La grille « quatre fois cinquante »

Voici la grille divisée en quatre parties de même taille et de même forme. Quand Marc donne la réponse de ce casse-tête, il fait la remarque suivante : si nous pouvons être frustrés de nos résultats dans ce genre d'exercices numériques, nous sommes tous capables de nous améliorer par la pratique. L'essentiel, dit-il, est la confiance en soi et l'attention : « Ne doutez pas que vous pouvez vous améliorer dans la manipulation des chiffres ; pensez à tous les défis que vous avez relevés dans votre vie. »

2. Palette de chiffres

Voici la disposition des chiffres dans la nouvelle palette. Nathan et Jordan ont trouvé la solution en une minute tout juste. Êtes-vous arrivé à faire mieux qu'eux ?

3. Fermer le carré, version Antoine

Nathalie devrait tracer une ligne sur la gauche ou en bas du carré encerclé de façon que Philippe ne puisse plus fermer qu'un seul carré.

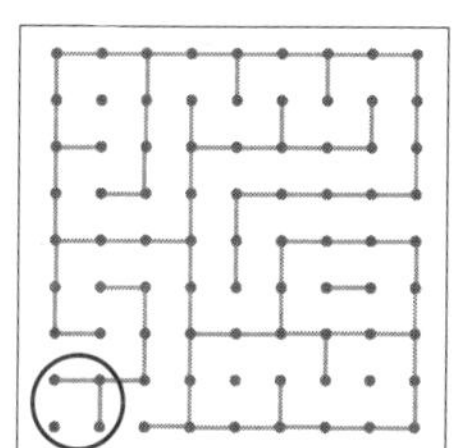

4. Étreintes et baisers

Voici la grille complétée. Un casse-tête de ce type est un bon entraînement à des activités linguistiques et mathématiques typiquement gérées par le cerveau gauche : il associe en effet le calcul à la logique. Olivia est potière et ressent le besoin de muscler ce genre de réflexion alors que Xavier, qui travaille dans les assurances, est tout à fait à l'aise avec les chiffres.

2	4	4	1	8	2	4
3	O	O	X	O	X	3
4	O	X	O	X	O	4
2	X	O	O	X	O	4
7	O	X	O	X	X	5
2	X	O	O	X	O	4
4	3	4	3	6	3	2

5. La voie codée

La réponse est Abraham Lincoln, seizième président des États-Unis (1861-1865). D'après ce qu'on dit, il mesurait 1,93 m et fut donc le plus grand président des États-Unis de l'histoire.

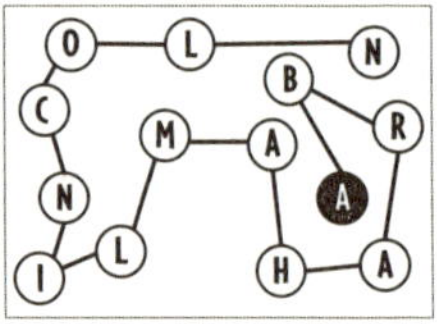

6. La phrase numérique

Voici la réponse trouvée par Marisa. À l'instar de ce livre, les jeux que Marisa souhaite lancer offrent l'opportunité d'« équilibrer » sa pensée et d'améliorer globalement ses performances mentales.

5	x	4	–	3	+	1	÷	2	–	6

=	3

7. Un peu d'ordre

Voici à quoi ressemble le casse-tête de John-jo une fois terminé. Son objectif est de rendre active la totalité de son cerveau avant d'incarner son artiste obsédé par les mathématiques. Parallèlement à ce type de casse-tête numériques typiques du cerveau gauche, il chante et pratique des mouvements de danse intuitifs sur des rythmes de jazz dans le foyer des acteurs, afin d'engager son cerveau droit dans l'action.

4	-	1	x	2	+	3	=	9
+		+		-		+		
3	x	4	-	1	+	2	=	13
x		x		+		x		
1	+	2	x	3	-	4	=	5
-		-		x		-		
2	x	3	-	4	+	1	=	3
=		=		=		=		
5		7		16		19		

8. Le Ninja des chiffres

Voici la grille complétée. Le sudoku vous oblige à penser numériquement, visuellement et de façon critique, le tout en même temps. Il est donc excellent pour l'établissement de connexions entre les cellules cérébrales. La majorité du travail est faite dans le secteur du cerveau gauche qui traite les nombres et les séquences ainsi que la logique.

6	8	5	7	1	4	2	3	9
3	1	4	2	9	8	6	7	5
7	9	2	6	5	3	4	1	8
2	3	9	5	8	1	7	6	4
4	5	6	3	2	7	8	9	1
1	7	8	9	4	6	5	2	3
9	4	7	1	6	5	3	8	2
5	2	3	8	7	9	1	4	6
8	6	1	4	3	2	9	5	7

9. Le panneau d'Allencia

Voici la grille complétée. Ce casse-tête est typiquement un travail linguistique du cerveau gauche, manipulant des lettres et les organisant en série. Dans le jeu d'Alain, les joueurs qui remplissent correctement la grille voient apparaître un gardien du palais qui leur dévoile une entrée secrète dans la résidence royale.

D	E	B	A	F	C
C	B	F	D	E	A
E	A	D	C	B	F
A	C	E	F	D	B
B	F	A	E	C	D
F	D	C	B	A	E

10. L'allée en zigzag

Voici l'itinéraire correct de l'allée en zigzag. Mina a trouvé le bon chemin avant son frère et sa sœur. Elle est bonne en mathématiques et Serge attend avec impatience et fierté de la voir encore progresser dans son propre domaine d'expertise. Ce casse-tête qui vise à organiser une séquence et manipuler des chiffres engage un processus typique du cerveau gauche.

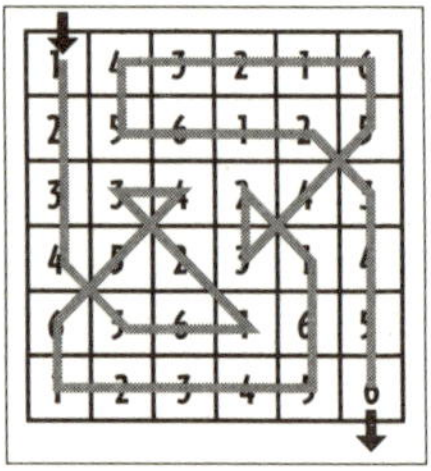

11. Sens unique

Oui, vous pouvez faire ce chemin. Par exemple, en partant de X et en terminant à Y – ou l'inverse –, vous passerez par toutes les portes une seule fois. Les pièces X et Y ont un nombre de portes impair.

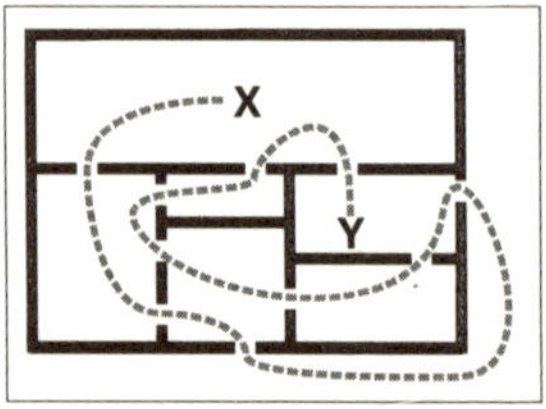

12. Chiffres musclés

Voici la grille complétée. Comme vous le savez maintenant, la pensée complexe implique le travail simultané de multiples régions du cerveau, mais l'hémisphère gauche de votre cortex prend la direction de ce genre d'opération numérique. Le casse-tête est baptisé « Chiffres musclés » parce qu'il a été conçu par un coach, Catherine, qui est aussi professeur de mathématiques. D'après elle, « le cerveau est un muscle qui a besoin d'entraînement régulier ».

13. Fermer le carré, version Nathalie

Ella doit tracer un trait sur le côté droit ou en bas du carré encerclé ci-contre. Elle ne donnera alors qu'un seul carré à Christophe.

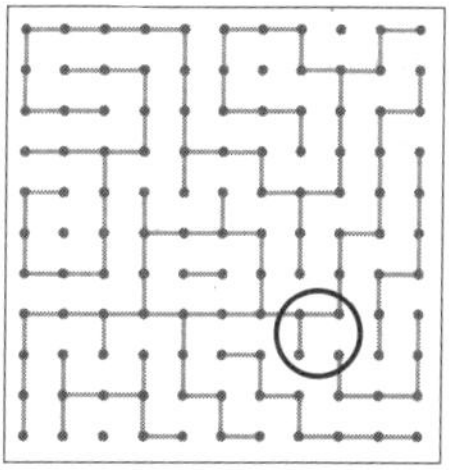

14. Fournée gauche/fournée droite

Dans la logique de Ruby, l'étoile vaut 3, le triangle vaut 1, le cœur vaut 8 et le carré vaut 7. La première ligne se lit donc ainsi : 3/4 + 1/3 = 1 + 1/12. Les scientifiques de la clientèle de Ruby ont été enthousiasmés par sa fournée gauche et sa fournée droite et, impressionnés par le niveau de difficulté des opérations, ils lui ont fait avouer qu'elle avait étudié les mathématiques à l'université avant de se lancer dans la pâtisserie.

15. L'amour sur un plateau

Voici la grille complétée. Comme il est expliqué à la page 126, Xavier travaille avec les chiffres tous les jours et il est donc excellent dans ce genre de traitement numérique typique du cerveau gauche. Dans le même temps, sous l'influence d'Olivia, il essaie de développer les aptitudes de son cerveau droit en résolvant des casse-tête du style de ceux que vous trouverez dans la seconde section de ce livre, qui mettent en jeu l'observation visuelle et la capacité à percevoir l'association des composantes dans un tout.

4	3	3	1	5	3	4
3	X	O	O	O	X	2
4	O	O	O	X	O	3
2	X	O	X	O	O	4
4	O	X	O	X	X	5
2	O	O	O	X	X	3
4	2	2	3	6	4	4

16. Lancement de la phrase numérique

Voici la phrase complétée. L'une des beautés des mathématiques est que les symboles ont une signification indépendamment de leur ordre. Dans le langage, les mots n'ont de sens que dans un ordre précis. Dans le jeu de Marisa, la réponse est déjà fournie, ce qui limite les choix dans l'agencement des symboles.

7	–	3	x	5	÷	4	+	6	x	2
				=	22					

17. La note manquante de Karlheinz

Une note est noire si elle se trouve dans l'interligne, blanche si elle est sur une ligne ; elle a une croche si elle est plus basse que la note précédente et n'en a pas si elle est plus haute. Par conséquent, la dernière note doit être noire et sans croche.

18. Un test pour sir Crispin

Voici la grille de John-jo complétée. Sir Crispin Grand est particulièrement intéressé parce qu'il vient de découvrir les ouvrages de « gymnastique mentale » et on lui a dit que le calcul mental est particulièrement recommandé pour établir des connexions entre les cellules cérébrales et, par conséquent, accroître globalement les performances mentales.

7	+	5	x	6	-	2	=	70
x		+		-		+		
2	x	6	-	5	+	7	=	14
-		-		+		x		
5	-	2	x	7	+	6	=	27
+		x		x		-		
6	+	7	x	2	-	5	=	21
=		=		=		=		
15		63		16		49		

19. Gâteaux à calculer

Dans la composition de Ruby pour Vanessa, le triangle vaut 3, l'étoile vaut 2, le carré vaut 1 et le cœur vaut 14. La première ligne se lit donc ainsi : 3/4 – 2/3 = 1/12. Ce style de casse-tête est un excellent entraînement pour les opérations typiques du cerveau gauche dans le calcul mental et la déduction logique.

20. Pile de chiffres

Voici la bonne disposition des blocs. Winston a été ravi de constater que ses petits-fils ont beaucoup amélioré leur aisance numérique.

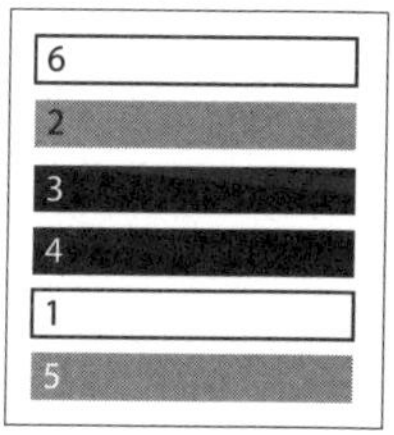

21. Le panneau de San Giovanni

Voici la grille complétée du jeu d'Alain. Celui-ci définit son jeu comme « un sudoku avec des lettres » et son panneau fournit sans aucun doute la même combinaison de tests pour vos compétences de traitement des opérations et votre réflexion critique qu'un sudoku classique.

E	C	D	F	B	A
A	E	B	D	C	F
D	B	F	C	A	E
C	F	A	B	E	D
F	A	C	E	D	B
B	D	E	A	F	C

22. Le Sudoku de la mort

Voici la grille complétée. Artiste passionné de mathématiques, Ramsey est un exemple vivant d'un cerveau équilibré en action, qui associe le travail spatial et visuel, typique du cerveau droit, au traitement des chiffres, typique du cerveau gauche. Il soutient que nous augmentons les connexions dans le cerveau quand nous tentons de nouvelles activités. Il conseille d'essayer de faire une fois par semaine au moins quelque chose dont nous n'avons pas l'habitude, d'un niveau aussi élémentaire que changer d'itinéraire pour aller travailler, écouter un style de musique différent ou changer de journal quotidien.

5	8	6	7	1	3	4	9	2
3	1	7	4	9	2	6	8	5
4	2	9	8	6	5	3	7	1
2	9	5	3	8	7	1	4	6
1	6	8	5	4	9	2	3	7
7	4	3	6	2	1	8	5	9
8	5	2	1	7	4	9	6	3
9	7	4	2	3	6	5	1	8
6	3	1	9	5	8	7	2	4

23. L'allée en zigzag (*bis*)

Voici l'itinéraire de l'allée. Cette fois Nicolas a été plus rapide que sa sœur Mina et il a terminé le premier le tracé de l'allée. Serge le félicite non seulement pour sa réussite, mais aussi pour sa volonté de se colleter avec ce qui ne lui vient pas naturellement.

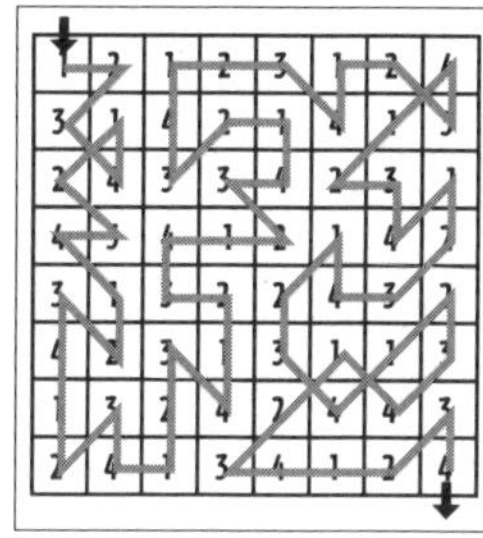

24. Les jumeaux

Les deux chariots élévateurs identiques sont le C et le H. Rory a constaté que son personnel travaille plus vite et plus harmonieusement sous la pression s'il leur a fourni un échauffement mental au début de la journée. Aujourd'hui, c'est le Prof, un étudiant en physique prénommé Ian, employé à la plonge, qui a gagné la bouteille de bourgogne.

25. D'autres chiffres musclés

Voici la grille complétée. Ce casse-tête a également été conçu par Catherine (voir Exercice 12, page 129). « Nous admettons tous que nous avons besoin d'exercice physique pour conserver un corps en bonne santé, dit-elle à ses clients. Nous avons aussi besoin d'exercice mental. Je recommande de travailler avec les chiffres et de faire des sudokus ou simplement du calcul mental le plus rapidement possible. »

26. Quelques dés

Le second carreau à partir de la gauche dans la ligne du bas est l'intrus parce qu'il n'a pas de jumeau. Tous les autres forment des paires. Monsieur C. a grandi dans les « bas quartiers » où il jouait aux dés pour de l'argent. Il a trouvé la réponse en moins d'une minute.

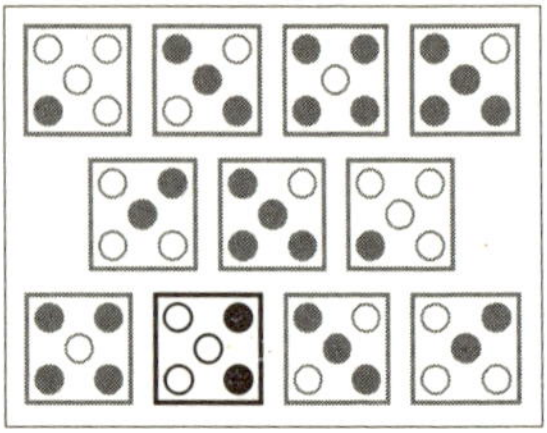

27. Fragments de tableau

La bonne réponse est la case C. Rose a une bonne perception des détails, mais elle a eu du mal à visualiser la façon dont les pièces s'assemblaient.

28. Les pliages et découpages de Rosario

Le motif est le A. Rosario explique que ces casse-tête améliorent les capacités de visualisation de ses élèves. De nombreux parents ont exprimé leur intérêt, donc Rosario a créé un pliage spécialement pour eux (voir Exercice 50, page 122).

29. C'est un tout

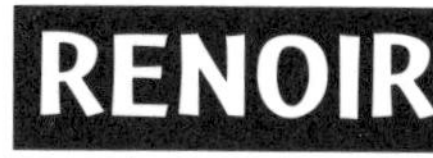

Il s'agit du célèbre peintre impressionniste Pierre Auguste Renoir ou, éventuellement, comme le fait remarquer l'un des étudiants, de son fils Jean Renoir, réalisateur et auteur. Christophe aime bombarder ses étudiants de casse-tête de différents types, associant les casse-tête visuels et de symétrie aux exercices mathématiques.

30. À mi-chemin

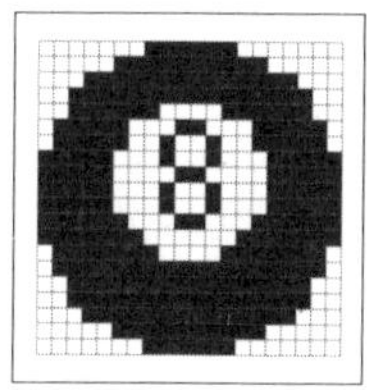

L'image représente une « bille de but » numéro 8 de pool anglais. À l'université, Édouard et Farhad, son meilleur ami, étaient des champions de billard, de snooker et de pool anglais. Le principe dans ce casse-tête, explique Édouard, n'est pas de noircir méticuleusement toutes les cases mais d'utiliser votre intuition et vos capacités de visualisation pour arriver à la conclusion de ce que représente l'image.

31. Test monochrome

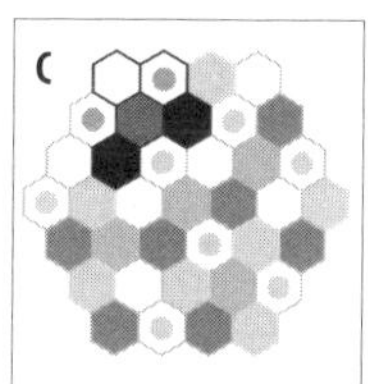

La réponse est C pivoté de 180° comme vous le voyez ci-contre. Ce casse-tête est un test sérieux de votre capacité à visualiser des formes dans différents alignements. Shakir a été très satisfait des réactions suscitées par son mailing. Trois prospects ont pris contact avec lui et ont ensuite signé des contrats importants.

32. L'itinéraire de l'abeille

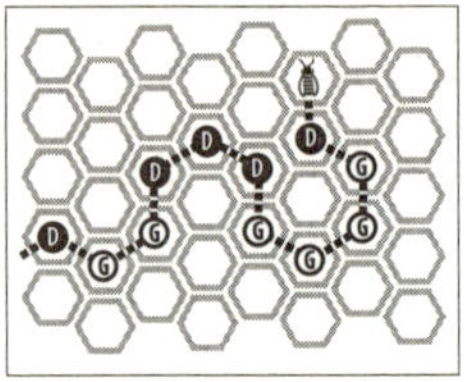

L'alvéole X est la suivante sur le parcours de l'abeille, que voici : elle tourne à droite une fois, à gauche deux fois, à droite trois fois, à gauche quatre fois. Elle va donc tourner cinq fois à droite. David explique à ses étudiants que ce type de casse-tête les aide à développer leur concentration et la perception, typique du cerveau droit, de l'agencement global du rayon de miel.

33. Fragment de motif

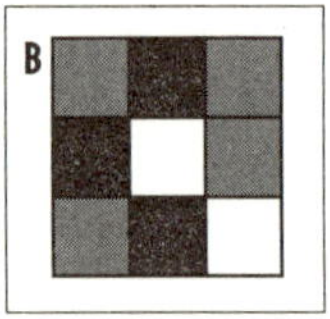

Chaque ligne et chaque colonne doit comporter trois cases noires, deux blanches et trois grises : le module B est donc le fragment manquant. La capacité à reconnaître un motif est un aspect de la « vision globale », typique du fonctionnement du cerveau droit.

34. Zone mathématique

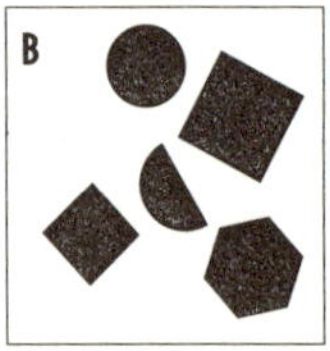

La réponse est B. Les frères Chikao et Koji ont développé le jeu *Zone mathématique* car ils recherchaient un projet qui mette leur intelligence à l'épreuve et associe leurs centres d'intérêt – Chikao est professeur de mathématiques et Koji travaille à la conception d'affiches dans une société de vidéo. Koji est le plus fort dans la visualisation, typique du cerveau droit. Il saisit toutes les occasions qui se présentent d'améliorer cette faculté et il considère qu'il accroît cette capacité en considérant les choses sous un angle nouveau ou différent et intéressant quand il dessine et peint.

35. Assemblage

Les quatre morceaux qui s'ajustent sont B, D, F et I, comme vous le voyez ci-contre. Le puzzle est une autre opportunité de développer des compétences de visualisation d'ajustement de parties en un tout, typiques du cerveau droit.

36. Une vie en morceaux

La bonne réponse est la case A. Sir Crispin (voir Exercice 18, page 156) est ravi : il est en train de lire des ouvrages traitant de la théorie cerveau gauche/cerveau droit et veut pratiquer des exercices de visualisation typiques du cerveau droit pour équilibrer sa pensée.

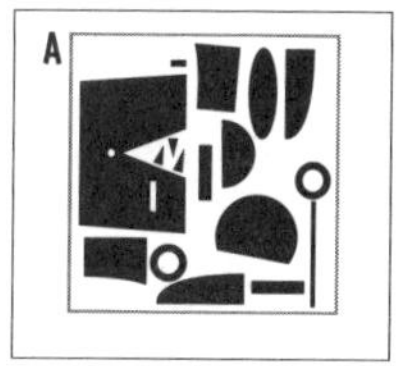

37. Tracer les frontières

Voici les deux lignes que Marie doit tracer. Même si elle a eu du mal à trouver la solution, Olivier l'a exhortée à persévérer : « Les facultés de visualisation de ce type sont naturelles chez certaines personnes mais, chez d'autres, elles demandent de l'entraînement », dit-il. Marie lui est reconnaissante de son aide et, pour son anniversaire, elle lui offre un immense puzzle représentant la carte des États-Unis. « Maintenant nous allons pouvoir travailler sur l'ajustement des parties dans un tout », se réjouit-il.

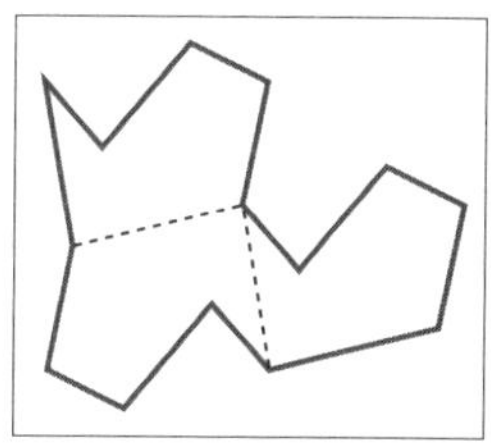

38. Dans la maison des reptiles

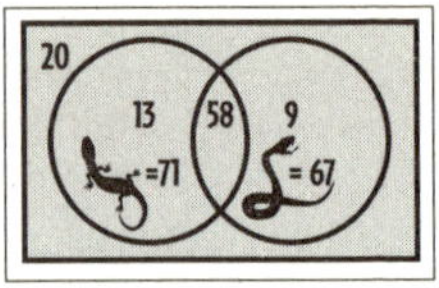

Nombre de personnes qui ont uniquement touché un serpent : 100 – 20 – 71 = 9.
Nombre de personnes qui ont uniquement touché un lézard : 100 – 20 – 67 = 13.
Nombre de personnes qui ont touché un serpent et un lézard : 100 – 20 – 9 – 13 = 58.

39. Un nom célèbre

Il s'agit du célèbre peintre Edgar Degas. L'une des étudiantes de Christophe, Marjolaine, remarque qu'après avoir élucidé des casse-tête de ce type, elle voit les choses sous un angle nouveau. « Ils stimulent ma créativité », affirme-t-elle.

40. Équidistance

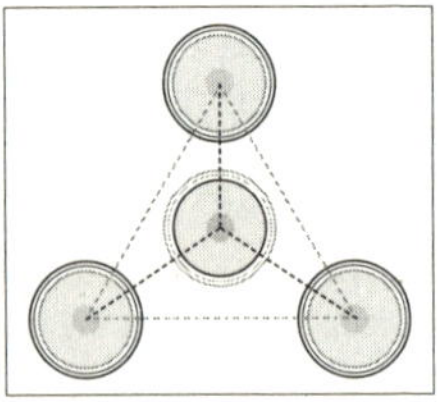

Placez trois verres sur leur pied et formez un triangle équilatéral, le centre des pieds étant séparés d'une hauteur de verre. Placez le quatrième verre, la tête en bas, au centre du triangle. Alex n'a pas trouvé la solution, mais a gloussé avec ravissement quand Essien la lui a montrée. « J'aime ça, c'est de la réflexion créative », a-t-il murmuré.

41. Combinaison à trois

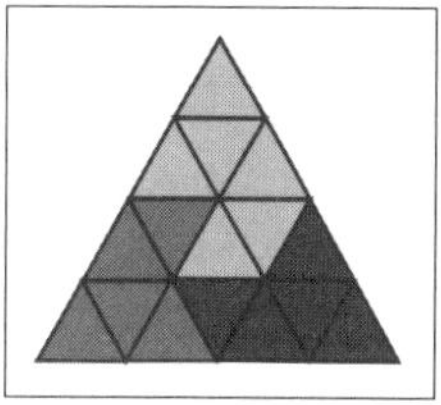

Les trois formes sont A, C et D. Dans l'un des romans policiers de Jones, Walter J. Walter, égyptologue amateur et serrurier délinquant, utilisait ce dessin pour former une pyramide dans le dispositif de sécurité d'une chambre forte. L'adversaire de Walter, un peintre reconverti en détective du nom de Paul Albert, mettait à profit l'acuité de son regard sur les motifs visuels pour déchiffrer le code et mettre la main sur le butin.

42. À mi-chemin (*bis*)

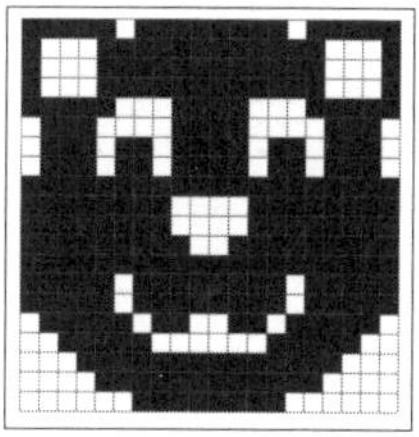

L'image terminée représente un ours. Ce casse-tête exige que vous fassiez appel à votre imagination visuelle pour créer une nouvelle perspective dans un décor et stimuler le fonctionnement de votre cerveau droit.

43. Colmater la brèche

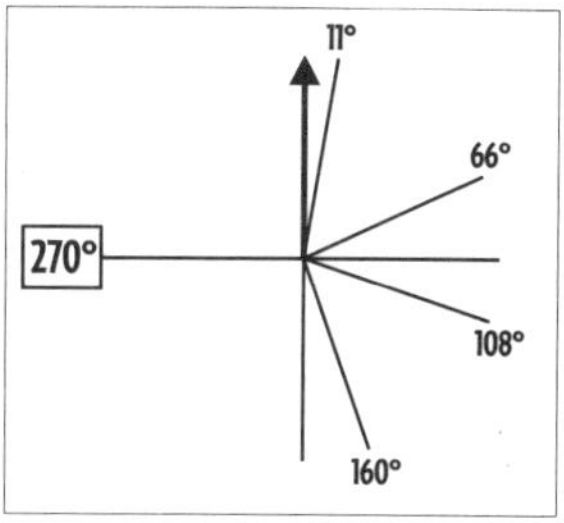

Le nombre dans la case est 270. Si vous pivotez l'image de 180°, elle se transforme en graphique portant les chiffres 11, 66, 108 et 160. Louis remarque que l'exercice réclame un certain niveau de pensée latérale pour voir la nécessité de mettre l'image la tête en bas ; ceci met en jeu un processus typique du cerveau droit qui permet de voir les nombres dans leur contexte. La dernière partie, qui permet de trouver la séquence de nombres, fait appel à un processus typique du cerveau gauche. Ainsi, ce casse-tête est un test pour le cerveau dans sa globalité.

44. Accord monochrome

La réponse est D pivoté de 90° comme vous le voyez ci-contre. Le cerveau droit se met en marche pour découvrir les relations spatiales et de motif entre les composantes et le dessin global.

45. Quatre en un

Voici les trois lignes que Marie doit tracer pour créer quatre parties identiques. Olivier a été séduit par l'énergie du dessin global – quelque chose comme un oiseau ailé – et il a décidé d'adopter celui-ci comme logo pour sa société de cartographie baptisée « D'un point à un autre ».

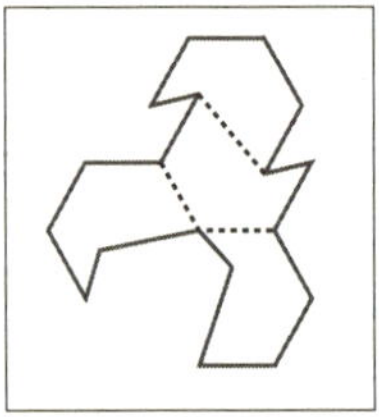

46. Pièces détachées de camion

Les six pièces – trois blanches et trois noires – qui s'adaptent pour reconstituer la silhouette du camion sont B, G, I (blanches) et E, F, L (noires). Adetayo a fabriqué le puzzle en bois à l'école des Beaux-Arts et l'a offert à Fitz pour Noël. Fitz a posé les deux puzzles sur le comptoir de son bureau au garage où ils distraient les clients qui attendent pour régler leur facture.

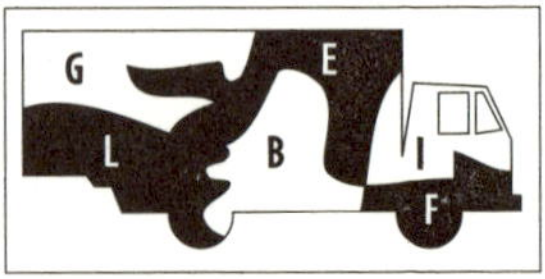

47. Placement de motif

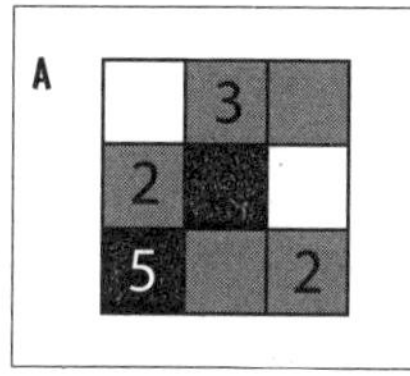

Le module A est le fragment manquant. Chaque ligne et chaque colonne contiennent une case blanche, cinq cases grises et deux cases noires, et des chiffres dont la somme est égale à 10. À la fête d'été de la faculté de physique, Anna explique les bases de la théorie du fonctionnement cerveau gauche/cerveau droit à l'un de ses collègues. Elle lui dit que le cerveau droit contrôle l'association des parties en un tout, comme dans ce puzzle, et donne leur sens aux composantes dans un contexte. « Nous utilisons ce type de fonctionnement quand nous reconnaissons l'association des yeux, du nez, de la bouche, des joues et du menton dans le visage d'une personne. »

48. Traversée du désert

Sir Quentin a besoin de deux porteurs. Le premier marche une journée, puis rentre chez lui après avoir fourni la ration de nourriture et d'eau d'une journée aux deux autres voyageurs. Le second porteur marche une journée de plus, puis rentre chez lui après avoir fourni la ration de nourriture et d'eau de deux journées à sir Quentin. Sir Quentin a maintenant les rations de quatre jours dont il a besoin pour terminer son voyage. Cela fait un total de deux jours pour le premier porteur et quatre jours pour le second. Sir Quentin devra trouver 600 shillings pour payer les porteurs.

49. Rangée de dominos

Le premier domino devrait porter ½ en haut et 1 en bas. Deux séries arithmétiques – 1, 2, 3, 4, 5 et ½, 1, 2, 4, 8 – apparaissent en zigzag de gauche à droite. Marcia pense qu'elle est plus douée dans le fonctionnement du cerveau droit : elle distingue le schéma que suivent les points sur les dés, mais elle a du mal à expliquer clairement cette logique. En raison du succès de l'album – et de sa pochette –, The Ska Council a été engagé comme groupe officiel d'une nouvelle discothèque et Marcia a conçu le décor de la scène.

50. Le dernier pliage et découpage de Rosario

B

La réponse est B. Rosario a préparé une présentation expliquant que ce genre d'exercice de réflexion développe la capacité des enfants à distinguer et avoir l'intuition des connexions, et à comprendre l'importance du contexte. Les casse-tête de pliage et découpage font également comprendre aux enfants les effets multiplicateurs des actes d'une personne.

L'auteur

Charles Phillips est l'auteur de plus de vingt ouvrages, dont *Programme pour booster votre intelligence en six étapes*, paru chez Marabout. Il a collaboré à plus de vingt-cinq autres titres, dont *The Reader's Digest Compendium of Puzzles & Brain Teasers* (2001). Il est aussi un collectionneur fanatique de jeux et de casse-tête.

Charles Phillips tient à remercier Alison, une fois de plus.

Un véritable programme de remise en forme pour le cerveau !

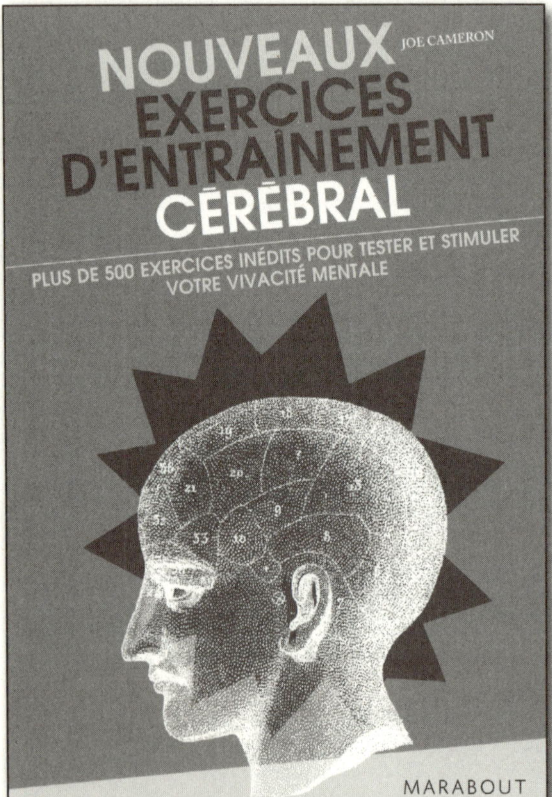
NOUVEAUX
JOE CAMERON
EXERCICES
D'ENTRAÎNEMENT
CÉRÉBRAL
PLUS DE 500 EXERCICES INÉDITS POUR TESTER ET STIMULER VOTRE VIVACITÉ MENTALE
MARABOUT

KEN RUSSELL
ET PHILIP CARTER
EXERCICES
D'ENTRAÎNEMENT
CÉRÉBRAL
VOLUME 3
PLUS DE 500 EXERCICES POUR TESTER ET STIMULER
VOTRE VIVACITÉ MENTALE
MARABOUT

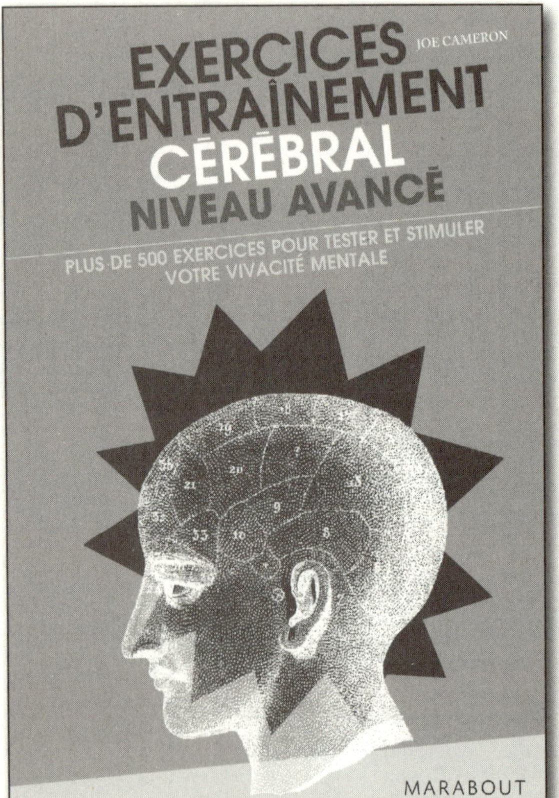
EXERCICES
JOE CAMERON
D'ENTRAÎNEMENT
CÉRÉBRAL
NIVEAU AVANCÉ
PLUS DE 500 EXERCICES POUR TESTER ET STIMULER
VOTRE VIVACITÉ MENTALE
MARABOUT

Mise en page : Domino
Imprimé en Allemagne par CGP Media GmbH
pour le compte des éditions Marabout
Dépôt légal : Juin 2010
ISBN 13 : 978-2-501-06322-7
40.5319.5
Édition 01